Wiebke Gerstenmaier
Sonja Grimm

Praxishandbuch Deutsch

Wiebke Gerstenmaier
Sonja Grimm

Praxishandbuch Deutsch

Sprechen – Schreiben – Lesen

Cornelsen
SCRIPTOR

Die Autorinnen:
Wiebke Gerstenmaier und Sonja Grimm unterrichten an einer Hauptschule mit Werkrealschule in Baden-Württemberg. Sie sind Klassenlehrerinnen einer jahrgangsgemischten Klasse und arbeiten in der Lehrerfortbildung in den Bereichen Jahrgangsmischung und Deutsch/LRS.

Im Cornelsen Verlag Scriptor sind von den Autorinnen außerdem folgende Themenhefte für das Lernen an Stationen in der Sekundarstufe I erschienen:
Fuoß, Simone/Stähle, Wiebke: Rechtschreiben üben (Best.-Nr. 213469)
Müller, Sonja/Stähle, Wiebke: Europa entdecken (Best.-Nr. 216263)
Grimm, Sonja/Stähle, Wiebke: Griechenland/Olympiade (Best.-Nr. 218487)

Cornelsen online http://www.cornelsen.de

Bibliografische Information: Die Deutsche Bibliothek verzeichnet diese Publikation in der Deutschen Nationalbibliografie; detaillierte bibliografische Daten sind im Internet über http://dnb.ddb.de abrufbar.

Dieses Werk berücksichtigt die Regeln der reformierten Rechtschreibung und Zeichensetzung.

5.	4.	3.	2.	1.	Die letzten Ziffern bezeichnen
08	07	06	05	04	Zahl und Jahr der Auflage.

Redaktion: Marion Clausen, Göttingen
Layout: Dagmar & Torsten Lemme, Berlin
Illustrationen: Jule Pfeiffer-Spiekermann, Berlin
Umschlaggestaltung: Bauer + Möhring, Berlin,
unter Verwendung einer Illustration von Klaus Puth, Mühlheim
Druck und Bindearbeiten: Clausen & Bosse, Leck
Printed in Germany
ISBN 3-589-22068-6
Bestellnummer 220686

Gedruckt auf säurefreiem Papier,
umweltschonend hergestellt aus chlorfrei gebleichten Faserstoffen

Inhalt

VORWORT

Warum dieses Buch?

Es gibt eine Fülle guter Fachbücher und Arbeitsmaterialien für den Deutschunterricht auf dem Markt. Wozu also ein weiteres Buch zum Thema Sprechen, Schreiben, Lesen?

Nach der PISA-Studie ging eine Welle des Entsetzens durch Deutschland:

- „Die deutschen Schüler schneiden vor allem im Umgang mit der deutschen Sprache sehr schlecht ab"
- „Nirgends lesen Schüler so ungern wie hier"
- „50 Jahre lang die Sprachförderung verschlafen"

Dies sind nur einige der Schlagzeilen, die Anfang Dezember 2001 so oder ähnlich in allen deutschen Tageszeitungen zu lesen waren. Wenig später wurden dann die Ergebnisse der IGLU-Studie (Internationale Grundschul-Lese-Untersuchung) veröffentlicht. Sie zeigten, dass deutsche Grundschülerinnen und Grundschüler im internationalen Vergleich besser abschneiden als fünfzehnjährige Schülerinnen und Schüler. Ebenso steht auf der Hitliste der Lieblingsfächer in der Grundschule Deutsch noch häufig ganz oben. Der Ehrgeiz und die Lust, Lesen und Schreiben zu lernen, eigene Text zu verfassen, Geschichten zu lesen und mit Sprache zu spielen, ist in den ersten Grundschuljahren stark ausgeprägt. Warum macht es dann älteren Schülern so wenig Spaß, sich mit der deutschen Sprache und Schrift auseinander zu setzen? Wie und wo ist der Spaß am Lesen und Schreiben abhanden gekommen?

Statt das vorhandene Potenzial in der Sekundarstufe zu stärken und zu nutzen, macht ein eintöniger und langweiliger Deutschunterricht dieses gerade oft zunichte: Je höher die Klassenstufe, desto häufiger werden Lesen und Schreiben nur noch als reine Arbeitstechniken, als notwendige Hilfsmittel für andere Unterrichtsinhalte betrachtet: Texte durchlesen, von der Tafel abschreiben, Inhalte schriftlich zusammenfassen, Merksätze aufschreiben …

Politiker, Eltern und Lehrer waren nach den katastrophalen Ergebnissen der Bildungsstudien betroffen und schoben sich gegenseitig die Schuld in die Schuhe. Viele Bundesländer reagierten auf diese Meldungen mit Diskussionen, Überlegungen zu Reformen, der Einführung von Bildungsstandards und der Entwicklung neuer Bildungspläne und blickten dabei auf die Länder, die am besten abschnitten. Nun soll also vieles anders und alles besser werden.

Immer wieder wird hervorgehoben, dass Deutsch als Unterrichtsprinzip in allen Fächern angesiedelt ist, dass sprachliche Fähigkeiten in jedem anderen Fach vorausgesetzt und deshalb über die Fachgrenze hinweg trainiert werden müssen.

Um jedoch in jedem Fach auf grundlegende sprachliche Fertigkeiten zurückgreifen zu können, müssen diese auch nach der Grundschule immer weiter geübt und gestärkt werden, und das nicht nur im Deutschunterricht. Aber selbst dort, wo Schrift und Sprache als Unterrichtsgegenstand an sich im Mittelpunkt stehen sollten, sind beide oftmals nur „Mittel zum Zweck" und werden nach sturen Regeln gepaukt.

Der kreative, spielerische und unterhaltsame Charakter der Sprache, unseres wichtigsten Kommunikationsmittels, gerät in Vergessenheit. Es gibt aber viele Wege und Möglichkeiten, diesem Trend im Unterricht entgegenzuwirken und den Kulturtechniken Lesen und Schreiben, der Sprache selbst und auch dem guten alten Buch wieder zu mehr Ansehen zu verhelfen.

Denn wer die Erfahrung macht, dass Sprache zum Produzieren und Verwirklichen eigener Gedanken, Ideen und Kreativität wichtig ist und dass der Umgang mit ihr dabei großen Spaß machen und zu Erfolgserlebnissen führen kann, lässt sich häufig dazu motivieren, das Schreiben nicht nur auf SMS oder E-Mails zu beschränken, sondern mit Freude eigene Texte zu produzieren.

Voraussetzungen für das Gelingen eines Unterrichts, der die Lust am Lesen und Schreiben weckt:

- Schülerinnen und Schülern muss genügend Raum für freies, kreatives Schreiben und eigenes Lesen eingeräumt werden.
- Offene und vielseitige Aufgabenstellungen sprechen die Schüler an, wenn sie für sie persönlich interessant und bedeutsam scheinen.
- Eigene Texte müssen honoriert und dürfen nicht mit dem Rotstift verbessert werden.
- Kein Schüler sollte gezwungen werden, seine Werke vor allen vorzulesen.
- Es bleibt jedem Schüler selbst überlassen, welchen Zuhörern er sein Werk präsentieren möchte und von welchen Erwachsenen oder Mitschülern er entsprechende Rückmeldung erhalten möchte.

- Lehrerinnen und Lehrer behalten die Leistungsfähigkeit des einzelnen Schülers stets im Auge.
- Kleine Fortschritte im Lese- und Schreibprozess werden entsprechend gewürdigt.

Bei Fortbildungen und im Austausch mit Kollegen hat sich gezeigt: Viele von ihnen fühlen sich bei der Umsetzung dieser Anforderungen allein gelassen und überfordert. Gerade Kolleginnen und Kollegen, die das Fach Deutsch fachfremd unterrichten müssen oder das Unterrichtsprinzip Deutsch auch in ihrem Fachunterricht verstärkt umsetzen wollen, wünschen sich konkrete Hilfestellungen und Anregungen, wie dies verwirklicht werden kann.

Viele Lehrer der Sekundarstufe suchen nach neuen Möglichkeiten, ihren Unterricht effektiver zu gestalten, die Schüler nachhaltig zum Lesen und Schreiben zu motivieren und so eine über die Schulzeit hinausgehende Lese- und Schreibkultur zu schaffen. Mittel und Möglichkeiten scheint es endlos zu geben, doch meist ist es mit langer Suche verbunden, einen geeigneten Weg für sich und seinen Unterricht zu finden. Oft fehlt es an kleinen

Deutschunterricht an der frischen Luft

Impulsen, die den Stein ins Rollen bringen, oder an zündenden Ideen, die sich problemlos im Unterricht umsetzen lassen. Viele Schulbücher für das Fach Deutsch bieten eine Fülle von Ideen, aber diese einzeln herauszusuchen und miteinander zu vergleichen braucht Zeit, die Zeit, die man oftmals nicht hat.

Wir wollen mit diesem Buch in kurzen Einführungen die Bedeutung von Sprechen, Schreiben, Lesen im Unterricht aufzeigen und anhand vielfältiger und leicht einzusetzender Materialien die Umsetzung der oben genannten Prinzipien erleichtern. Wir verstehen dieses Buch als eine Art Nachschlagewerk oder Schatzkiste, die neue Anregungen geben soll, „kreative Durststrecken" bei der Unterrichtsvorbereitung zu überwinden, ganz nach dem Motto: Stundenthema auswählen – im Buch nachschlagen – Idee holen – umsetzen.

Einige Ideen sind altbekannt, aber zu gut, um in Vergessenheit zu geraten, andere sind neu und es wert, im täglichen Unterricht umgesetzt zu werden. Alle Tipps haben wir selbst in unserer pädagogischen Arbeit ausprobiert. Die besten haben wir zusammengetragen und stellen sie in diesem Buch vor. Komplexe Texte mit neuen wissenschaftlichen Inhalten sind in diesem Buch nicht zu finden, dafür liefern wir umfassende Praxisbeispiele auf einen Blick, tiefer gehende Informationen zu einem etwas anderen Deutschunterricht und eingehende Erklärungen zur Umsetzung vieler Übungen.

Wiebke Gerstenmaier und Sonja Grimm

Teil A: Sprechen

Wer so spricht,
dass er verstanden wird,
spricht immer gut.

Molière, 1622 – 1673

Als wichtige soziale Kompetenz spielt die Kommunikationsfähigkeit im menschlichen Miteinander eine zentrale Rolle. Kommunikation findet immer statt, wenn Menschen aufeinander treffen. Denn auch ohne explizit zu sprechen, kommunizieren wir mit unserem Körper und verraten, was in uns vorgeht. Der Umgang mit Sprache und Körpersprache im Alltag geschieht dabei meist unbewusst und unreflektiert. Deshalb und aufgrund unterschiedlicher Kommunikationsmuster und -stile verläuft die Kommunikation nicht immer reibungslos: Es kommt zu Missverständnissen. Worte können unbewusst sehr verletzend wirken, der falsche Ton oder eine falsche Anrede können ein Gespräch in völlig andere Bahnen lenken als geplant. Es kann auch sein, dass verschiedene Menschen aus denselben Worten völlig unterschiedliche Schlüsse ziehen oder der Tonfall und die Gestik nicht dem Inhalt einer Botschaft entsprechen und zu Verunsicherung führen.

Gute Redner sind sich der Wirkung ihrer Worte bewusst und können andere Menschen beeinflussen oder im schlimmsten Fall sogar manipulieren. Auf jeden Fall ist es unerlässlich, die Bedeutung, die Wirkung und die Macht der Sprache zu kennen und bewusst mit ihr umzugehen. Dieser bewusste und möglichst erfolgreiche Umgang mit Sprache ist ein lebenslanger Lernprozess, der immer und überall stattfindet.

- Sprache ist Medium der Kommunikation.
- Sprache ist Medium der Reflexion.
- Sprache ist Träger von Kultur.
- Sprache ist Träger von Wissen.

Sprache als Medium der Kommunikation und Reflexion

Voraussetzungen für einen erfolgreichen und befriedigenden Umgang mit anderen Menschen sind die Fähigkeiten, anderen zuzuhören, den eigenen Standpunkt angemessen zu vertreten, zu überzeugen, dabei zwischen Beziehungs- und Sachaspekten zu unterscheiden und den richtigen Ton zu treffen, zu diskutieren, mögliche Alternativen zu erörtern und Lösungen zu finden.

Sprache ist Träger von Kultur und Wissen

Auch beim Lernen selbst spielt die Sprache eine zentrale Rolle: Sie hilft, etwas zu verstehen, Fragen zu formulieren und den eigenen Wissenshorizont zu erweitern, indem neue Informationen eingebunden und mit alten vernetzt werden. Die Überlieferung von alten Mythen, Geschichten und Traditionen, aber auch die Weitergabe von komplexem Wissen erfolgt in erster Linie über das Medium Sprache.

Sprache ermöglicht also Kommunikation, aber auch geistige Entwicklung und Welterschließung. Daraus ergibt sich eine besondere Verantwortung für die Schule:

Sie muss für diese Bedeutung und für den bewussten Umgang mit der Sprache sensibilisieren sowie sprachliche Kompetenzen anbahnen und entwickeln. Diese müssen trainiert und immer wieder in neuen Situationen angewandt werden. Nur so werden Schülerinnen und Schüler auf die kommunikativen Anforderungen ihrer Umgebung, der Arbeitswelt und ihres späteren Umfeldes ausreichend vorbereitet. Dies schließt auch die Kenntnis angemessener Umgangsformen ein, deren Verlust immer häufiger beklagt wird.

Im gesamten Unterricht gilt es, die unterschiedlichen sprachlichen und kulturellen Voraussetzungen der Kinder zu berücksichtigen, diese Vielfalt als Chance zu sehen und zu nutzen sowie mit differenzierten Lernarrangements darauf zu reagieren. Die neuen Bildungspläne lassen im Fach Deutsch Zeit und Raum, um diese Ziele zu verfolgen, denn hier ist die Sprache Unterrichtsinhalt und Unterrichtsmedium zugleich. Allerdings darf der bewusste Umgang mit Sprache und deren Mitteln nicht nur auf den Deutschunterricht beschränkt bleiben, sondern muss in allen Unterrichtsfächern thematisiert werden.

1 Die Bedeutsamkeit der Sprache erkennen

Die Sekundarstufe bietet Chancen, die Themen Sprache und Sprachen im Unterricht wieder aufzugreifen und im Zusammenhang mit neuen und spannenden Fragestellungen aus den Bereichen Politik und Gesellschaft sowie Ethik und Religion zu sehen. Gerade in multikulturellen Klassen bietet sich hier eine große Chance, Kinder für die Vielfalt und für die Bedeutung der Sprache zu sensibilisieren. Denn auf dem Gebiet der Sprachen haben die Schüler ihren Lehrern oft etwas voraus und sind stolz, wenn sie sich als Experten für ihre Muttersprache zur Verfügung stellen können. So können mit ihrer Hilfe beispielsweise Erdkundethemen lebendig und fächerübergreifend erarbeitet werden:

- Gedichte, Abzählverse oder Zungenbrecher auf Türkisch, Kroatisch, Russisch usw. lernen,
- mehrsprachige Klassenwörterbücher basteln (siehe S. 18f.),
- dazu Länderthemenhefte erstellen
- und Rezepte ausprobieren.

Die Kinder können persönliche, eventuell mehrsprachige Wörterbücher führen, in die eigene Lieblingswörter aufgenommen werden. Dies können lustige, neue oder individuell bedeutsame Wörter sein, die sie im Unterricht, zu Hause oder in den Medien hören. Diese Arbeit macht die Kinder selbst zu Sprachforschern und ist ein Schritt hin zur Sensibilisierung für die eigene und fremde Sprachen.

Welche Schüler sich mit wem in welcher Sprache unterhalten können, lässt sich auch auf einem Plakat eindrucksvoll darstellen: Dazu werden die Namen aller Kinder auf einem großen Bogen Papier gleichmäßig verteilt aufgeschrieben und mit farbigen Pfeilen verbunden. Jede Farbe steht für eine Sprache. Bei kleinen Klassen wie der Förderklasse oder in Vorbereitungsklassen kann man auch ein Diagramm erstellen.

Solch ein Unterricht weckt und fördert das Verständnis für Fremd- und Muttersprache und füreinander.

Eenie meenie miny moe,
catch a tiger by the toe,
If he hollers, let him go
eenie meenie miny moe.
(USA)

Iene miene mutte
tien pond grutten
tien pond kaas
Iene miene mutte is de baas
(Niederlande)

ABZÄHLREIME

Coccodè
La mamma non c'è,
è in cucina
e fa il caffè.
Tutto per me,
niente per te.
Uno, due, tre!
(Italien)

Ele mele dudki
gospodarz malutki
gospodyni jeszcze mniejsza
ale za to robotniejsza
(Polen)

Eci, peci, pec,
ti si mali zec,
a ja mala vjeverica
eci, peci, pec.
(ehem. Jugoslawien)

Eins, zwei, drei,
Du bist frei!
Uno, due, tre,
che vai via te!
Un, deux, trois,
c'est à toi!
(Schweiz)

Bir çık, iki içık,
üç çık, dört çık,
beş çık, alti çık
yedi çık, sekiz çık,
dokuz çık, on çık
Sen gir, sen çık
(Türkei)

Un, deux, trois, quatre,
ma petite vache a mal aux pattes
tiens la par la queue
elle ira bien mieux.
(Frankreich)

Faltbüchlein: Internationales Wörterbuch

1. Schneidet das Blatt entlang der Rahmenlinie aus.

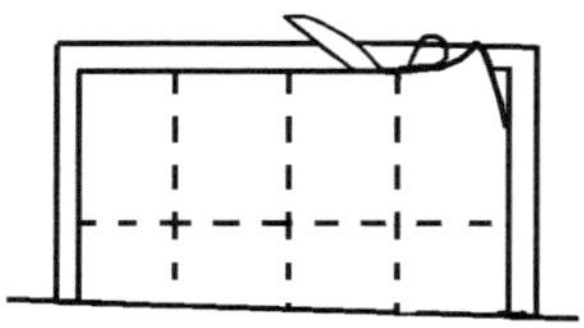

2. Halbiert das Blatt dann entlang der Mittellinien zweimal, einmal längs, einmal quer. Arbeitet dabei sehr genau!

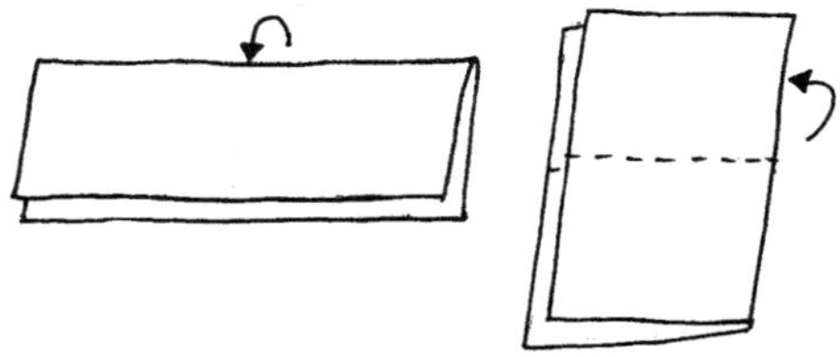

3. Faltet das Blatt wieder auseinander und faltet die schmalen Seiten an den Linien bis zur Mitte, sodass alle Linien Knickfalten haben.

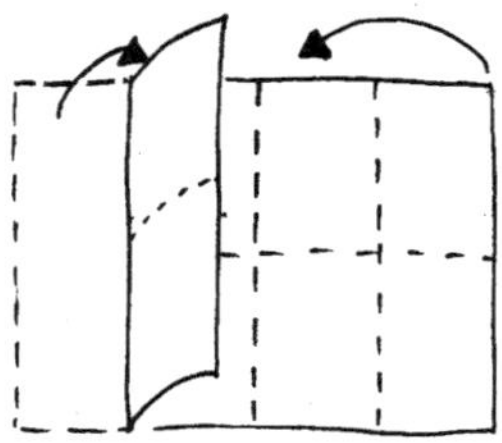

4. Legt das Blatt nun offen vor euch hin und halbiert es auf DIN-A5-Größe.

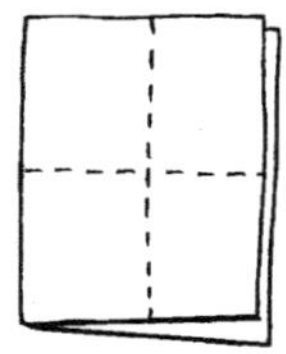

5. Schneidet nun von der geschlossenen Seite (Falz!) bis zur Hälfte ein (bis zur nächsten Querlinie!).

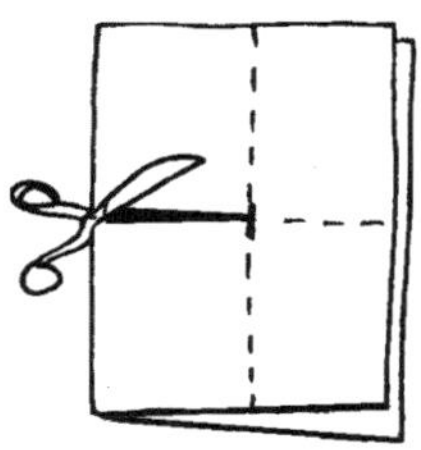

6. Jetzt kommt der Trick:
Öffnet das Blatt wieder und halbiert es anschließend längs.

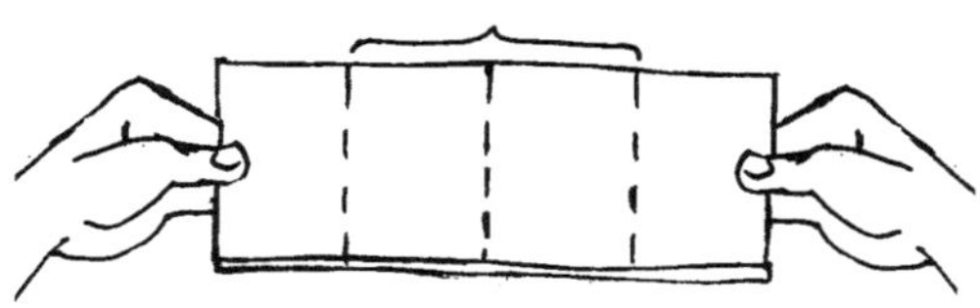

7. Nehmt es an beiden Seiten in die Hände und schiebt es nun zusammen, bis eine Art Kreuz entsteht.

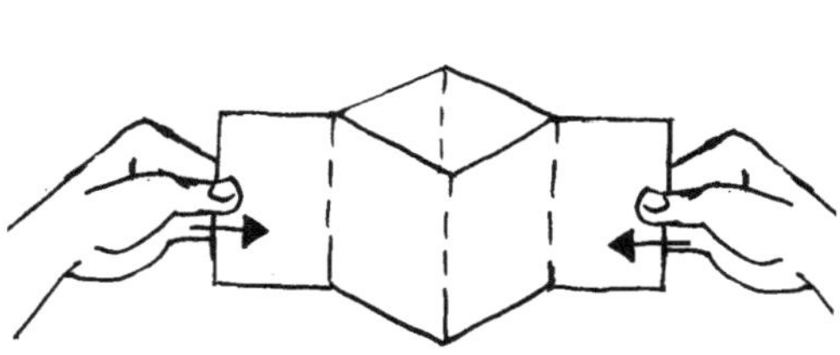

8. Drückt das Kreuz zu einem flachen Büchlein. Achtet dabei darauf, dass das Deckblatt nach vorne kommt!

INTERNATIONALES WÖRTERBUCH

von

Guten Tag

Auf Wiedersehen

Wie heißt du?

Ich heiße ...

10, 11, 12, 13

Wie alt bist du?

Woher kommst du?

2 Sprache als Kommunikationsmittel

Situationsbezogen sprechen: der Klassenrat

In vielen Klassen der Sekundarstufe hat sich der Klassen- oder Schülerrat als festes Element im wöchentlichen Unterricht etabliert. Mancherorts ist er nicht mehr wegzudenken, und viele Klassen, die ihn ein Schuljahr lang durchgeführt haben, fordern ihn beim nächsten Klassenlehrer schon von sich aus ein. Zu Recht, denn der Klassenrat ist die wohl effektivste Form, Schülerinnen und Schüler an demokratische Vorgänge heranzuführen sowie ihre Konflikt- und Kommunikationsfähigkeit zu fördern. Ein Klassenrat trägt maßgeblich dazu bei, innerhalb der Klasse ein gutes soziales Klima zu schaffen. Die Kinder üben sich darin, Meinungsverschiedenheiten offen und ohne Gewalt auszutragen, Lösungsmöglichkeiten bei Konflikten zu finden und Kompromisse einzugehen. Es hat sich gezeigt, dass Kritik zu ertragen und die Meinung anderer unkommentiert stehen zu lassen bzw. diese zu respektieren, für viele nicht ganz einfach ist. Es ist auch nicht leicht, seine eigene Meinung in geeigneten Worten darzustellen, ohne jemanden zu kränken, oder auf Vorwürfe sachlich richtig zu antworten. Der Klassenrat bietet eine hervorragende Möglichkeit, die sprachliche Ausdrucksfähigkeit zu trainieren und zu verbessern.

In der Regel findet der Klassenrat einmal pro Woche bzw. bei Bedarf statt. Schwer wiegende Konflikte, die innerhalb des Schultages auftreten, verlangen meist sofortiges Handeln. Daher ist es unsinnig, die Lösung des Problems auf den nächsten Schülerrat zu vertagen und zu riskieren, dass das Problem außerhalb der Schule auf andere Weise „geregelt" wird. Aber Konflikte stehen auf der „Hitliste" der Klassenratsthemen nicht immer ganz oben. Häufig werden klasseninterne Dinge wie die Verteilung der Dienste, die Organisation der Teeküche oder die Planung des nächsten Projekts oder eines Klassenausflugs besprochen. Der Klassenrat ist dazu da, Vorschläge zur Unterrichts- und Pausenorganisation zu machen und den zurückliegenden Unterricht aus Schüler- und Lehrersicht kritisch zu betrachten.

Ein Klassenrat läuft nach festgelegten Regeln und in einer bestimmten Form ab, wovon nur in triftigen Ausnahmefällen abgewichen wird. Damit jeder jeden sieht, wird der Klassenrat im Stuhlkreis abgehalten. Bewährt hat sich bei uns folgende Form: In der Mitte des Kreises sitzen ein Präsident und ein Protokollant. Beide wurden zuvor entweder nach dem Zufallsprinzip, nach einer bestimmten Liste oder durch Wahl bestimmt. Um die Bedeutung des Klassenrats hervorzuheben, sollte der Schülertisch in der Mitte besonders ausgestattet sein, z. B. mit einer roten Tischdecke, einer Kellnerglocke oder einem Gong. Bevor der Präsident den Klassenrat mit einem akustischen Signal eröffnet, werden die eingeworfenen Zettel aus einem Kummerkasten entnommen oder vom entsprechenden Klassenratsplakat abgehängt. Betreffen sie mehrere Themen, wird nun eine Reihenfolge entsprechend der Dringlichkeit festgelegt. Dazu liest der Präsident alle Zettel vor. Mit Handzeichen wird nun demokratisch über die Reihenfolge abgestimmt. Der Protokollant nummeriert die Zettel entsprechend.

Nach einem erneuten Klingelzeichen liest der Präsident den ersten Zettel laut vor. Zunächst erhält der Schreiber des Zettels das Wort und erläutert Näheres. Die Klasse hört dabei kommentarlos zu. Geht es um eine Beschwerde, darf zunächst der „beschuldigte“ Schüler Stellung zu dem Vorwurf nehmen. Erst jetzt werden Zeugen befragt und andere, nicht direkt beteiligte Schülerinnen und Schüler können sich dazu äußern. Der Protokollant hält alle wichtigen Fakten auf einem Protokollblatt (siehe S. 23) oder in einem Protokollheft fest. Am Ende eines Konflikts müssen beide Parteien mit der Lösung einverstanden sein und dies durch eine Unterschrift auf dem Protokollzettel bestätigen. In den kommenden Klassenratsstunden wird die Einhaltung der Kompromisse kontrolliert und bei Bedarf eine neue Lösung diskutiert. Wurden alle Themen behandelt, beendet der Präsident den Klassenrat und der Protokollant liest noch einmal zusammenfassend die Beschlüsse des Tages vor.

Innerhalb des Klassenrats ist der Lehrer ein gleichwertiges Mitglied. Auch er muss sich an alle zuvor getroffenen Regelungen halten, sich zu Wort melden und Kritik zunächst ohne Kommentar hinnehmen. In schulorganisatorischen Dingen wie Wünschen zu einer Änderung des Stundenplans oder geltender Schulregeln hat der Lehrer jedoch das Veto-Recht und kann Einspruch erheben. Zudem steuert er gerade am Anfang indirekt die Gespräche und bietet Hilfestellungen an. In erster Linie sollte er sich aber zurücknehmen und „Leerlauf“ ertragen können, bevor er selbst eingreift. Je länger der Klassenrat praktiziert wird, desto mehr kann sich der Lehrer aus der aktiven Rolle zurückziehen und die Gesprächsleitung ganz in die Hände der Kinder geben.

Damit der Klassenrat in geordneten Bahnen ablaufen kann, müssen in der ersten Sitzung klare Regeln mit der Klasse erarbeitet werden. So versteht es sich von selbst, dass jeder Teilnehmer sich meldet, andere aussprechen lässt und auf die Anordnungen des Präsidenten hört. Parallelgespräche, ganz gleich, ob sie zum Thema gehören oder nicht, sind nicht gerne gesehen. Der Redner sollte sachlich bleiben, niemanden beleidigen und in „Ich-Botschaften" sprechen. Klaren Aussagen wie „Ich möchte einmal wieder …" sollten stets verallgemeinernden Floskeln wie „Man sollte einmal wieder …" den Vorrang gegeben werden. Dies funktioniert mit Sicherheit nicht gleich von Anfang an, aber kleine Übungen, um das Mitteilen von Ich-Botschaften zu trainieren, lassen sich immer wieder in den Unterricht einbauen. Ansonsten gelten die üblichen Gesprächsregeln.

Klassenrat in einer jahrgangsgemischten Klasse 5/6

Klassenrat vom ________________

Leitung: ______________________ Protokollant: ______________________

Thema/Problem: ______________________

Betroffene: ______________________

Zeugen: ______________________

____

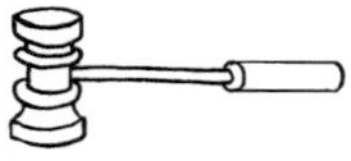

Vereinbarung / Ergebnis: ______________________

Unterschriften: ______________________

Umsetzung

Praktischer Einstieg: Ideen und Tipps

- Lehrer sammelt auftretende Konfliktpunkte, schreibt sie auf Zettel und beruft den ersten exemplarischen Klassenrat ein. Er hat die Präsidentenrolle.
- Erarbeitung der Klassenregeln im ersten Klassenrat
- Erstes Protokoll ev. an der Tafel führen
- Vorerfahrungen der Schüler mit ähnlichen Unterrichtsformen aufgreifen – vieles läuft schon von allein
- Anfangs regelmäßig an die Regeln erinnern
- Anfangs der Gesprächsleitung helfen, sich dann immer mehr aus der aktiven Rolle zurückziehen

Ergänzende Themen im Unterricht

- Soziales Lernen/Kompetenztraining
- Vertrauensbildende Spiele
- Zusammenarbeit fördern: regelmäßig verschiedene Gruppen bilden (Freundschaft, Zufall, Leistungsgruppen, Mädchen/Jungen …)
- Klassengemeinschaft thematisieren: Was gehört zu einer guten Klasse? Wie soll meine Klasse sein, damit ich mich wohl fühle?
- Gemeinsam Klassenregeln erarbeiten
- Ich-Botschaften im Rollenspiel üben

Lernziele

Kommunikationsfähigkeit und Konfliktfähigkeit fördern

- Gesprächsregeln beachten
- Sich gegenseitig respektieren
- Meinungsverschiedenheiten aushalten
- Mit Kritik und Kompromissen umgehen können
- Zusammenhänge jenseits der persönlichen Meinung erkennen
- Strukturieren lernen, seinen Beitrag auswählen am Thema bleiben

Sich in der Gemeinschaft wahrnehmen

- Rechte und Pflichten in der Gemeinschaft ausüben
- Möglichkeiten und Grenzen der eigenen Mitbestimmung kennen lernen
- Vorschläge und Impulse einbringen und deren Wertschätzung erfahren

Demokratische Prozesse kennen lernen

KLASS

Lehrerrolle

- Teilnehmerrolle: melden, warten, bis der Präsident das Wort erteilt
- Veto-Recht bei schulorganisatorischen Dingen
- Indirekte Steuerung und Hilfe: Meinungen zusammenfassen, Argumente strukturieren …
- Anfangs der Gesprächsleitung helfen, dann immer mehr aus der aktiven Rolle zurückziehen

Kritische Punkte:

- Auch schwierige Beschlüsse müssen umgesetzt werden (sonst vorher gegensteuern!)
- Sich dem Präsidenten unterordnen (sich zurücknehmen, warten, geringer Redeanteil)
- Spannung oder Leerlauf aushalten
- Spüren, wann es sinnvoll ist einzugreifen
- Authentizität behalten – ist die veränderte Lehrerrolle glaubwürdig/stimmig, wie gelingt nachher wieder das Umschalten?

Gemeinschaft und Wohlbefinden des Einzelnen stärken und fördern

ENRAT

Themen

- Konflikte
- Ausflüge/Aktionen
- Kritik am Unterricht
- Organisatorisches
- Interne Informationen

Regeln

Präsident achtet auf die Einhaltung der Regeln

- Alle melden sich
- Auf den Präsidenten hören
- Einander zuhören
- Keine Parallelgespräche führen
- Ausreden lassen
- Andere Meinungen akzeptieren
- Sachlich bleiben
- Niemanden beleidigen
- Ich-Botschaften senden
- Lösungsvorschläge machen
- Kompromisse akzeptieren

Zeitpunkt

- Fester Termin, mindestens einmal pro Woche oder
- Bei Bedarf, spontan einberufen

Zweck

- Reflexion der Woche
- Planung der nächsten Zeit
- Konflikte lösen
- Mitgestaltung der Schule

Ablauf

1. Klassenraum vorbereiten
2. Präsidenten, Protokollanten bestimmen
3. Klassenrat eröffnen
4. Kummerkasten öffnen
5. TOP 1 wird vom Präsidenten vorgetragen
6. Meinungen abfragen, diskutieren
7. Lösungen, Abstimmungen, Entscheidungen werden vom Protokollanten festgehalten
8. TOP 2 usw.
9. Abschluss: Präsident beendet den Klassenrat

Material

- Plakat oder Box zum Sammeln der Themen
- Evtl. spezielle Klassenratszettel
- Einfache Mittel zur Gestaltung des Raumes: z. B. rote Tischdecke, Klingel für den Präsidenten
- Protokollheft oder -ordner
- Regelplakat zur Erinnerung

Die erste Sitzung: Praktischer Einstieg in den Klassenrat

Wird der Klassenrat neu eingeführt, ist es sinnvoll, wenn der Lehrer erst einmal selbst die Gesprächsleitung übernimmt und so den Ablauf der Sitzung steuert und deutlich macht.
Im ersten Klassenrat kann er gemeinsam mit den Schülern die Klassen- oder Gesprächsregeln erarbeiten und diese im Protokoll festhalten.
Eine andere Möglichkeit ist es, im Unterricht auftretende Konfliktpunkte über einen gewissen Zeitraum zu sammeln, diese auf Zettel zu schreiben und den ersten exemplarischen Klassenrat einzuberufen. Auch hier liegt die Präsidentenrolle zumindest zu Beginn beim Lehrer.
Um die Protokollführung einzuführen und zu erläutern, bietet sich es an, dass das Protokoll bei einer Folgesitzung, die ein Schüler leitet, parallel am Overheadprojektor oder an der Tafel erarbeitet wird.

Viele Schüler kennen diese oder ähnliche Formen der Gesprächsrunde bereits und bringen Vorerfahrungen mit, auf die man dann zurückgreifen kann, was die Einführung erleichtert. Hier finden sich dann schnell Freiwillige, die die Präsidenten- oder Protokollantenrolle übernehmen möchten. Anfangs ist es häufig noch nötig, die Gesprächsleitung zu unterstützen, dann kann sich der Lehrer immer mehr aus der aktiven Rolle zurückziehen.

Ich-Botschaften

Wenn wir uns über jemanden ärgern und sein Verhalten kritisieren, formulieren wir dies meist mit „Du-Botschaften“: „Du rennst immer durchs Klassenzimmer und machst alles kaputt.“ oder „Du arbeitest ja nie was!“ Solche Aussagen werden als persönlicher Angriff und oft als Provokation verstanden. Der Konfliktpartner fühlt sich herabgesetzt und will sich verteidigen. So entbrennt leicht ein größerer Streit, der sich verselbstständigen kann und bei dem Grenzen überschritten werden. Leichter zu akzeptieren sind so genannte „Ich-Botschaften“ (nach Gordon, Thomas: Lehrer-Schüler-Konferenz, Hamburg 1994), bei denen man etwas von sich, seinen eigenen Gefühlen und Schwächen preisgibt. Eine ehrliche und direkte Ansprache ermöglicht ein offenes, konstruktives Gespräch und kann zu sinnvollen Lösungen beitragen.

Wichtig ist, die Schüler auf diesen Unterschied aufmerksam zu machen und sie dafür zu sensibilisieren. Ich-Botschaften können und sollen neben dem Klassenrat auch in Rollenspielen oder in persönlichen Schüler-Lehrer-Gesprächen angewandt werden. Natürlich gilt auch hier die Vorbildfunktion der Lehrkraft.

Eine Ich-Botschaft besteht aus drei Teilen:

1. Ich beschreibe die Gefühle, die durch eine Situation bei mir ausgelöst werden.
   („Das hat mich verletzt und unsicher gemacht …“)
2. Ich gebe die Konfliktsituation und das Verhalten des anderen möglichst genau wieder.
   („… als du mich gestern als Streber beschimpft hast, nur weil ich die Hausaufgaben hatte!“)
3. Ich beschreibe die Folgen, die das Verhalten für mich und andere hat.
   („Ich weiß nicht mehr, ob ich die Hausaufgaben machen soll. Wenn ich sie mache, bin ich ein Streber, wenn nicht, dann komm ich nicht mit und krieg' Ärger!“)

Situationsbezogen sprechen: ein Telefongespräch führen

Jugendliche telefonieren heute zwar häufig, aber meist nur mit ihren Freunden. Ein förmliches Telefongespräch zu führen erfordert auch für sie Anleitung und Übung. Verschiedene Situationen können im Rollenspiel trainiert werden:

- einen Arzttermin vereinbaren
- eine telefonische Auskunft einholen (Telefonnummer, Bahnverbindung, Theaterprogramm …)
- einen Verwandten einladen
- eine Bestellung aufgeben
- einen Tisch/Kinokarten reservieren
- Öffnungszeiten erfragen
- einen Unfall melden (einen Krankenwagen rufen)

Um ein Telefonat vorzubereiten, kann anfangs ein Merkzettel ausgefüllt werden, der je nach Anliegen kurz und knapp sein kann oder schon Formulierungen und ganze Sätze enthält, die man verwenden möchte.

Einen Interviewtermin vereinbaren	**Eine Bestellung aufgeben**
Firma: Name: Telefonnummer: Sich vorstellen: *Ich heiße … und bin Schüler der … Schule.* *Ich gehe in die … Klasse.* Anliegen vortragen: *Wir beschäftigen uns im Unterricht gerade mit … und würden gerne ein Interview mit … durchführen.* Termin vereinbaren: *Wochentag/Datum:* *Uhrzeit:* *Treffpunkt:* Sich bedanken und verabschieden	Firma: Telefonnummer: Sich mit Namen melden: Bestellung aufgeben: Nach dem Preis fragen: Adresse nennen: Sich nach dem Liefertermin erkundigen: Sich bedanken und verabschieden:

Eine weitere, nicht ganz einfache Aufgabe ist es, auf einem Anrufbeantworter eine kurze Nachricht mit den wichtigsten Informationen zu hinterlassen. Auch dies kann gemeinsam geübt werden.

Beispiel 1:
Im Haus der Mode soll am Montag, den 13. Juli, eine Ausstellung stattfinden. Deshalb bittet die Hausverwaltung darum, an diesem Tag alle Mitarbeiterparkplätze für die Besucher freizuhalten. Nun müssen alle dort vertretenen Firmen informiert werden.

Begrüßung:	*Guten Tag.*
Sich vorstellen:	*Mein Name ist … Ich rufe im Auftrag der Hausverwaltung an.*

Anliegen vortragen: *Wir möchten Sie an die Ausstellung am Montag, den 13. Juli, erinnern und Sie bitten, an diesem Tag die Mitarbeiterparkplätze für die Kunden freizuhalten.*
Sich bedanken und verabschieden: *Vielen Dank für Ihr Verständnis. Auf Wiederhören.*

Beispiel 2:
In der Zeitung ist eine Drei-Zimmer-Wohnung zur Miete angeboten. Allerdings ist unter der angegebenen Nummer fast immer nur der Anrufbeantworter zu erreichen.

Sich vorstellen: *Namen nennen*
Begrüßung: *Guten Tag.*
Anliegen vortragen: *Ich habe Ihre Anzeige im ... gelesen und interessiere mich sehr für Ihre Drei-Zimmer-Wohnung in ...*
Um Rückruf bitten oder auf erneuten Anruf verweisen: *Ich melde mich morgen im Laufe des Tages wieder bei Ihnen. / Über einen Rückruf würde ich mich freuen.*
Eventuell die eigene Telefonnummer nennen: *Meine Telefonnummer lautet: ... Vielen Dank.*
Sich verabschieden: *Auf Wiederhören.*

Eine andere, ziemlich lustige Aufgabe ist es, sich einen kreativen Spruch für den eigenen Anrufbeantworter auszudenken.

Situationsbezogen sprechen: ein Projekt präsentieren / ein Referat halten

Ein Kurzreferat zu halten, ist gar nicht so einfach und Themen sollten deshalb von den Schülerinnen und Schüler frei gewählt werden können. Es muss genügend Zeit gegeben werden, sich mit diesem Thema auseinander zu setzen. Sinnvoll ist es auch, das erste Referat in der Schule gemeinsam vorzubereiten und so die folgenden Schritte einzuüben. Genauso wichtig wie die Vorbereitung ist der Vortrag selbst. Auch dabei sollte eine bestimmte Vorgehensweise eingeübt werden.

Ein Referat vorbereiten

(Erledigt? Dann hier abhaken)

1. Ein Thema auswählen ☐

2. Informationen beschaffen (Bibliothek, Internet, Experteninterview …) ☐

3. Texte sichten und Informationen entnehmen (markieren, Stichworte notieren …) ☐

4. Informationen sortieren und das Referat gliedern (Zwischenüberschriften finden, Einstieg überlegen: erste Sätze formulieren, Schluss planen: kurze Zusammenfassung oder Stellungnahme formulieren) ☐

5. Anschauungsmaterial auswählen und vorbereiten (Fotos, Plakate, Schaubilder, Musik, Videoausschnitt, Tafelanschrieb …) ☐

6. Abschnitte festlegen und absprechen, wer welchen Teil vorträgt ☐

7. Eigene Stichworte übersichtlich notieren und einprägen ☐

8. Überleitungen formulieren, Material bereitlegen und Vortrag üben ☐

Ein Referat vortragen / einen Vortrag halten

Übe deinen Vortrag so lange, bis du frei und flüssig sprechen kannst und möglichst wenig auf deinen Zettel schauen musst.

a. Richtige Position wählen	→	jeder muss den Referenten sehen können
b. Frei sprechen und wenig ablesen	→	Stichworte benützen
c. Langsam und deutlich sprechen	→	Pausen machen
d. Gliederung sichtbar machen	→	wichtige Begriffe an der Tafel anschreiben
e. Blickkontakt zu Zuhörern halten	→	Publikum anschauen
f. Materialien, z. B. Bilder zeigen	→	anheften oder hochhalten

Situationsbezogen sprechen: ein Interview durchführen

Ein Interview ist eine Gesprächssituation in Dialogform mit eindeutig festgelegten Rollen: Einer stellt die Fragen, der andere antwortet. Diese klar strukturierte Form kann im Deutschunterricht erarbeitet werden, sollte dann aber auch in anderen Fächern angewandt und geübt werden. Dabei muss der Unterschied zwischen offenen Fragen und Entscheidungsfragen deutlich gemacht werden. Letztere eignen sich eher für eine Umfrage, da hier der Befragte nur mit Ja oder Nein antworten kann („Kennst du das Buch?" „Warst du schon einmal in England?"). Sie eignen sich dafür, eine klare Position abzufragen. Bei einem Interview kommt es aber darauf an, mehr zu erfahren und den Interviewten zum Sprechen zu bringen. Fragen, die mit „was, welche, wie, warum ..." beginnen, entlocken weiterführende Informationen.

Interviews trainieren

Eine gute Übung ist es, erst einmal die eigenen Klassenkameraden zu einem bestimmten Thema zu interviewen. Dazu wird zuerst eine überschaubare Anzahl Fragen zu einem Thema notiert (anfangs fünf bis zehn). Am besten tun sich die Schüler zu zweit zusammen und bestimmen, wer zuerst der Interviewer sein soll. Im Anschluss daran werden die Rollen getauscht.

Geeignete Themen für Interviews:

- Kennen lernen zu Beginn des neuen Schuljahres (Name, Alter, Hobbys, Musikgeschmack ...)
- Austauschen von Vorerfahrungen und Meinungen zu einem bestimmten Thema (z. B. Märchen, Freundschaft ...)
- Abklären/Austauschen von Vorwissen zu einem bestimmten Thema (Haustiere, fremde Länder/Urlaubsorte ...)
- Fiktive Interviews im Rahmen eines handlungs- und produktionsorientierten Literaturunterrichts (die Schüler interviewen die Hauptperson, sie befragen den Meister aus Goethes „Zauberlehrling" ...)

Diese Themen eignen sich besonders für Interviews innerhalb einer Klasse. Es können auch andere Personen befragt werden, z. B. aus der Schulleitung, dem Kollegium oder der Elternschaft. Die Ergebnisse können in der Klassen- oder Schülerzeitung veröffentlicht werden. In anderen Fachbereichen bietet sich es oft an, Experten zu interviewen.

So kann es z. B. im Fach Geschichte interessant sein, Zeitzeugen zu einem bestimmten Ereignis oder jemanden mit einem besonderen Beruf zu befragen.

Organisation und Vorbereitung eines Interviews
Gerade bei solchen Interviews ist die gute Vorbereitung entscheidend. Es ist wichtig, sich im Vorfeld ausführlich über die betreffende Person oder ihre Funktion zu informieren, um die richtigen Fragen stellen zu können. Diese Vorbereitung kann in kleineren Gruppen geschehen. Diese formulieren dann auch sinnvolle und interessante Fragen.

Dann gilt es, Kontakt zu dem Interviewpartner aufzunehmen, einen Termin und einen Treffpunkt zu vereinbaren. Es ist wichtig, dass auch der Ablauf des Interviews gut durchdacht und die Rollenverteilung festgelegt ist. Das Interview sollten nicht mehr als drei Schüler führen. Zwei können dann abwechselnd oder entsprechend der Themengebiete (Aufgabenfeld, Ausbildung, persönliche Erfahrungen) die Fragen stellen, während der dritte die Antworten festhält. Hierfür eignet sich besonders ein Tonbandgerät, schnelles Mitschreiben verlangt Training.

Ein sicheres und höfliches Auftreten fällt nicht allen Schülern leicht. Deshalb ist es ebenfalls unerlässlich, die wichtigsten Umgangsformen im Rollenspiel zu erarbeiten. Dies nimmt auch die Unsicherheit, einem „wichtigen“ oder fremden Menschen entgegenzutreten.

Auch hilfreiche Formulierungen erleichtern das Gespräch und sollten deshalb im Vorfeld trainiert werden:

- Können Sie das bitte wiederholen?
- Können Sie dafür ein Beispiel geben?
- Können Sie bitte noch näher erklären, was damit gemeint ist?

Leitfaden Interview

Zum Thema:

→ Wie lautet das Thema/die Fragestellung?

____

____

→ Warum suchen wir Informationen zu diesem Thema?

____

____

→ Was wollen wir wissen?

____

Zur Person:

→ Welche Rolle/Funktion hat der Interviewpartner?

____

→ Wofür ist er zuständig?

____

Organisatorisches:

→ Adresse und Telefonnummer:

____

→ Schriftliche oder mündliche Anfrage mit Hinweis auf den Anlass

und die Bedeutung des Interviews:

____

→ sich vorstellen:

Ich heiße ____________________________________

→ Anliegen vortragen

Anlass:

____

Bedeutung: (Expertenbefragung, Zeitzeugen)

____

→ Termin vereinbaren

Datum: ______________________________

Uhrzeit: ______________________________

Treffpunkt: ______________________________

→ sich bedanken und verabschieden!

____

Durchführung:

→ Wer fragt?

____

→ Interessante Fragen überlegen und schriftlich formulieren: Was möchten wir wissen? Formuliere die Fragen so, dass sie nicht nur mit Ja oder Nein zu beantworten sind (Was? Wer? Wann? Wo? Wie? Warum?)

____

→ Wer schreibt mit?

____

→ Wie halten wir die Antworten fest? (Tonband, nur Aufschrieb?)

____

Bearbeitung:

→ Gibt es noch offene Fragen?

____

→ Brauchen wir Zusatzinformationen?

____

→ Text ausformulieren:

Als Interviewtext (Frage/Antwort)

Als Bericht (direkte/indirekte Rede)

3 Spaß an der Sprache fördern

Sprechspiele

Die Fähigkeit, sich klar und verständlich auszudrücken oder flüssig zu erzählen, fliegt uns nicht zu, sondern kann und muss erlernt und geübt werden. Auch Erwachsene verlieren beim Erzählen manchmal den Faden, erklären umständlich oder finden nicht die passenden Worte.

Das Erzählen im Unterricht muss bewusst trainiert werden, denn Kindern, die sich gut ausdrücken können, fällt es leichter, sich am Unterricht zu beteiligen und ohne Angst vor anderen zu sprechen. Mit einfachen, lustigen Sprachspielen und Erzählgeschichten gelingt es beinahe unbemerkt, den Spaß an der Sprache zu fördern und gleichzeitig das Erzählen zu üben.

Beispiele für Sprachspiele und Erzählübungen

- Wortkette: Wörter zu einem Thema suchen; der letzte Buchstabe des einen Wortes ist der erste des folgenden Wortes (Tiger – Ratte – Ente ...)
- Zu Bildern eine Geschichte erzählen
- Unsinnssätze mit einem bestimmten Anfangsbuchstaben erfinden: Anna alberte am Anfang als Adam am Apfelbaum. So kann das ganze Alphabet zum Einsatz kommen und ein vollständiger Text entstehen.
- Geschichten mit Geräuschen und Bewegungen begleiten (bei bestimmten Wörtern aufstehen, klatschen ...)
- Gemeinsam eine Geschichte erzählen: Jeder sagt nur einen Satz, der logisch passt.
- Gemeinsam eine Geschichte erzählen: Jeder erzählt so viel er will und gibt dann ab.
- Begriffe erklären, ohne bestimmte Wörter zu benutzen („Dingsda", „Tabu")
- Eine Geschichte erzählen, bestimmte Wörter sind darin verboten
- Interview-Spiel: Partnerübung, verboten sind die Worte ja/nein, schwarz/weiß ...

Natürlich bemüht sich der Reporter, den Interviewpartner in die Falle zu locken und entsprechende Fragen zu stellen.

- Interview-Spiel: Jeder Mitspieler bekommt ein Kärtchen mit einem Namen an den Rücken geheftet. Mit Fragen muss er nun herausbekommen, um welche berühmte Person/welches Tier es sich handelt. Die Fragen müssen mit Ja oder Nein zu beantworten sein.
- „Ich packe meinen Koffer" (mit thematischer Vorgabe, mit einem Bandwurmsatz ...)
- Einen ganz besonderen Gegenstand mitbringen, beschreiben und erraten lassen
- oder zu einem persönlich wichtigen Gegenstand eine Geschichte erzählen
- Zeichendiktat: Dazu beschreibt ein Mitspieler seinem Partner ein Bild so genau, dass dieser es allein nach den Ausführungen nachmalen kann (Farbe, Größe, Lage der Einzelteile)
- Mein Name: Zum eigenen Namen eine kurze Geschichte erzählen. Hat er eine Bedeutung? Wer hat ihn ausgesucht? Gefällt er mir? Habe ich einen Spitznamen? Wer heißt noch so?
- Spontaner Vortrag: Jeder schreibt eine mehr oder weniger ernste Fragestellung auf einen Zettel und wirft ihn in einen Hut. Danach zieht der Erste ein Thema und muss nun ohne jede Vorbereitung einen dreiminütigen Vortrag zu diesem Thema halten.
  (Beispiele: Soll man Autos abschaffen? Wie schütze ich mich vor Stechmücken? Welche Vorteile hat der Winter? Brauchen wir eine Rasierpflicht für Männer?)

Einige Beispiele stellen wir genauer vor:

a. Zungenbrecher aufsagen, neue erfinden

- Zwischen zwei Zwetschgenzweigen zwitschern zwei Zwergzeisige.
- Schrecklich schräge Schreie erschrecken scheckige Schnecken schrecklich.
- Fischers Fritz fischt frische Fische, frische Fische fischt Fischers Fritz.
- Kasprige Kasperle kitzeln kräftig kitzelige klitzekleine Katzentatzen.
- Grasgrüne Krabbelkäfer knabbern knirschende knarrende kratzende grasgrüne Grashüpfer.

b. Zaubersprüche erfinden

Dazu können die ersten Worte eines Zauberspruchs vorgegeben und schriftlich oder mündlich ergänzt werden. In höheren Klassen können die Fremdwortkenntnisse der Schüler einbezogen werden.

Zaubersprüche

c. Ein Gedicht ohne Reimwort vorlesen, die Schüler sagen den passenden Reim

Es war einmal ein Mann

Es war einmal ein Mann, der hatte einen *Schwamm*.
Der Schwamm war ihm zu nass, da ging er auf die *Gass*.
Die Gass war ihm zu kalt, da ging er in den *Wald*.
Der Wald war ihm zu grün, da ging er nach *Berlin*.
Berlin war ihm zu voll, da ging er nach *Tirol*.
Tirol war ihm zu klein, da ging er wieder *heim*.
Daheim wars ihm zu nett, da legt er sich ins *Bett*.
Im Bett war eine Maus, und die Geschicht ist *aus*.

Verfasser unbekannt

Wenn das Kind nicht schlafen will

Nun leg dich und schlaf.
Die Kuh ist kein *Schaf*.
Das Schaf ist kein Ross.
Ein Stall ist kein *Schloss*,
ein Schloss auch kein Stall.
Ein Ei ist kein *Ball*.
Ein Ball ist kein Ei.
Der März ist nicht *Mai*
und Mai ist kein März.
Ein Kopf ist kein *Herz*
und Herz ist kein Kopf.
Ein Schwanz ist kein *Zopf*,
ein Zopf auch kein Schwanz.
Der Strauß ist kein *Kranz*,
der Kranz ist kein Strauß.
Ein Dach noch kein *Haus*,
ein Haus mehr als ein Dach,
die Gräfin kein *Graf*,
der Ochse kein Schaf.
Nun leg dich und *schlaf*.

Verfasser unbekannt

Weitere Beispiele für Reimgedichte:

Wittkamp, Frantz: Du bist da, ich bin hier. Aus: Hans-Joachim Gelberg (Hrsg.): Großer Ozean – Gedichte für alle. Verlag Beltz & Gelberg, Weinheim und Basel 2000

Hannover, Heinrich: Der Jäger und der Rehbock. Aus: Frau Butterfels Hotel, Rowohlt Taschenbuch Verlag, Reinbek 1994

Rechlin, Eva: Saus und Braus... Aus: Träumereien und Schnurrpfeifereien, Patmos Verlag, Düsseldorf 1988

Jede Menge Sprachspielereien finden Sie hier:

Manz, Hans: Die Welt der Wörter. Verlag Beltz & Gelberg, Weinheim und Basel 1991

Manz, Hans: Mit Wörtern fliegen. Verlag Beltz & Gelberg, Weinheim und Basel 1995

d. Zusammengesetzte Wörter verdrehen

Dazu werden die Einzelwörter von zusammengesetzten Wörtern ins Gegenteil verkehrt oder durch einen passenden Gegensatz ersetzt. So entstehen witzige Wortschöpfungen, die auch als Rätsel gestellt werden können – hier gilt es, das ursprüngliche Wort wieder herauszufinden.

Beispiele:

- Aus Frühstück wird Spätganzes
- Aus Urlaubsspaß wird Arbeitstrauer
- Aus Wärmflasche wird Kühlglas

e. MfG – mit freundlichen Grüßen

Hier sind kreative Köpfe gefragt! Abkürzungen, die uns im Alltag überall begegnen, sollen eine neue Bedeutung bekommen. Wofür könnten sie noch stehen?

Beispiele:

- THW – tierisch hungrige Wilde
- ABS – alle berühmten Stars
- DGB – dänischer Gartenbau
- MfG – Musik für Genießer

f. Kurzgeschichte in drei Sätzen

In drei kurzen Sätzen soll eine ganze Geschichte erzählt werden.

Beispiele:

- Helene freut sich auf ihr Lieblingsessen. Oma hat es gekocht. Doch igitt – es ist versalzen.
- Paul hat es besonders eilig. Sein Hund leider auch. Paul fällt über die Leine.

Kommunikationsfähigkeiten trainieren

a. Zahnrad-Runde

Mit Stühlen werden ein Innenkreis und ein Außenkreis gebildet. Beide Kreise haben gleich viele Stühle, die sich gegenüber stehen, sodass sich die Sitzenden anschauen. Zu einem nun bekannt gegebenen Thema müssen sich die zwei gegenüber sitzenden Gesprächspartner unterhalten. Auf ein akustisches Signal hin wechselt der äußere Ring seine Position um ein, zwei oder mehrere Stühle. Dann wird erneut über das Thema geredet. Dieses Modell eignet sich, um sich kennen zu lernen, Vorkenntnisse abzufragen und unterschiedliche Positionen zu verdeutlichen.

Beispielthemen:

- Was gefällt dir an unserer Stadt?
- Welches Thema interessiert dich in Biologie am meisten?
- Was weißt du über das Leben im Mittelalter?
- Was würdest du machen, wenn du König von Deutschland wärst?

b. Diskussions-Bühne

Zwei bis vier Kinder sitzen sich mit ihren Stühlen gegenüber. Die übrigen Mitschüler sitzen in einem großen Kreis außen um die kleine Gruppe herum. Die Innengruppe erhält ein Diskussionsthema, die äußere Gruppe bekommt Beobachtungsaufträge:

- Kommt jeder zu Wort?
- Hören alle zu?
- Schauen sich die Diskutierenden an?
- Sprechen sie laut und deutlich?
- Gehen sie auf die Beiträge der anderen ein?
- Bleiben sie sachlich und ruhig?

Nach Beendigung der Diskussion haben die Mitglieder des Innenkreises die Möglichkeit zu einer kurzen Stellungnahme. Im Anschluss daran äußern sich die Zuschauer und berichten von ihren Beobachtungen. Am Ende können Verbesserungsvorschläge gemacht werden, welche die nächste Gruppe eventuell gleich berücksichtigen kann.

Themenbeispiele:
- Sollen Schülerinnen und Schüler mit zu den Elternabenden gehen?
- Alle Schüler dieser Schule bekommen kostenlose Schuluniformen – wie findest du das?

c. Pro-und-Kontra-Gespräch

Diese Diskussion läuft nach einem strikten Schema ab, bei dem die Teilnehmer zu einer vorgegebenen These ausschließlich Pro- oder Kontra-Argumente vertreten müssen. Die Teilnehmer entscheiden sich, welcher Gruppe sie sich zuordnen möchten, und setzen sich in zwei Reihen gegenüber. Auf jeder Seite sollten nicht mehr als fünf bis sechs Teilnehmer sitzen. Der erste Teilnehmer beginnt mit einem Pro-Argument. Der nächste aus der Reihe gegenüber muss dieses widerlegen. Nun kommt wieder ein Befürworter der These an die Reihe und widerlegt den negativen Einspruch des zweiten Redners.

Eine weitere Möglichkeit ist der kontrollierte Dialog, bei dem zuerst das Argument des Vorredners wiederholt und dann erst widerlegt wird. Diese Form eignet sich, um verschiedene Gesichtspunkte zu einem Thema zu sammeln. Sie regt an, die eigene Meinung neu zu überdenken, stärkt die Argumentationsfähigkeit und schult das sprachliche Formulierungsvermögen. Besonders spannend ist es, wenn im Anschluss daran die Positionen getauscht werden.

Themenbeispiele:
- Sollen alle Schulen Ganztagsschulen sein?
- Sollen Mädchen und Jungen in manchen Fächern getrennt unterrichtet werden?

d. Hör gut zu

Die Schüler arbeiten in ABC-Gruppen (Dreiergruppen). In jeder Gruppe übernimmt je eine Person die Rolle des Sprechers, die Rolle des Zuhörers und die Rolle des Beobachters.

Die Sprecher wählen ein Thema aus und berichten den Zuhörern, was ihnen wichtig erscheint.

Die Zuhörer hören dabei zu. Die Beobachter versuchen herauszufinden, wie man gut zuhört.

Anschließend wird ausgewertet, was der Zuhörer gut gemacht hat und was noch verbessert werden könnte. Dabei geht es insbesondere um körpersprachliche Signale wie Nicken, Zulächeln oder kurze verbale Winke wie „aha".

Ein interessantes Experiment ist es, eine Person erzählen zu lassen, während die Gruppe von Zuschauern nach vorheriger Absprache Desinteresse signalisiert, gähnt, sich unterhält und sich mit anderen Dingen beschäftigt. Dabei darf nicht übertrieben gespielt werden. Der Sprecher wird bald seinen Unmut äußern. Nachdem die Situation und die Gefühle des Sprechers verbalisiert wurden, sollte die Szene mit interessierten Zuhörern wiederholt werden.

Darstellendes Spiel

Das darstellende Spiel wird in den neuen Bildungsplänen explizit genannt. Neben der Wahrnehmung des eigenen Körperausdrucks und der künstlerischen Gestaltungsmöglichkeiten sollen im Rollenspiel Methoden und Strategien der Kommunikation erarbeitet und analysiert, nonverbale Kommunikationsmittel verdeutlicht, soziales Verhalten eingeübt und die persönliche Kompetenz gestärkt werden.

Moderne Sprach- und Lesebücher enthalten entsprechende Aufgabenstellungen und Vorschläge: einfache Übungen zur Körperwahrnehmung und zum Körperausdruck, die Aufforderung, ein Märchen nachzuspielen, Stimmungen und Gefühle spielerisch auszudrücken, Geschichten mit pantomimischer Darstellung zu illustrieren und Gedichte szenisch umzusetzen.

Einfache Übungen zum Einstieg ins darstellende Spiel

- Verschiedene Stimmungen pantomimisch darstellen (Freude, Wut, Trauer, Angst ...)
- Gesichter wegwischen: Jeder setzt einen neutralen Gesichtsausdruck auf, dann wischt die rechte Hand diesen weg, indem sie vor dem Gesicht nach oben geht. In dieser Zeit verändert sich der Gesichtsausdruck. Beim Hi-

nunterwischen kehrt der neutrale Gesichtsausdruck zurück. Diese Übung sollte mit verschiedenen Stimmungen durchgespielt werden.

- Verschiedene Gangarten ausprobieren (alte Frau, kleines Kind, jemand mit Gipsbein, cooler Jugendlicher)
- Tempolimit: Alle bewegen sich durch den Raum. Ein Spielleiter gibt das jeweilige Tempo vor (10, 30, 180 km/h …)
- Sport in Zeitlupe: Zwei Partner stellen gemeinsam pantomimisch eine Sportart dar. Dabei variieren sie zwischen normalem Tempo und der Zeitlupe. Wichtig ist es, die Bewegungsabläufe aufeinander abzustimmen.
- Gummitier: Ein Spieler liegt zusammengesunken am Boden. Sein Partner berührt ihn mit seinem Zeigefinger (Ventil) und pumpt durch den Schlauch (Arm) mit entsprechenden Geräuschen unterstützt, Luft in das Gummitier. Dieses füllt sich allmählich mit Luft und richtet sich auf. Dann wird das Ventil gezogen und das Gummitier sackt in sich zusammen.
- Verschiedene Tiere pantomimisch darstellen
- Verschiedene Berufe pantomimisch darstellen
- Sich zu unterschiedlicher Musik durch den Raum bewegen
- Einen nicht vorhandenen Gegenstand von Person zu Person weiter reichen
- Gemeinsam einen imaginären Balken/eine schwere Kiste/eine große Glasscheibe tragen oder gleich einen ganzen Speicher mit nicht wirklich vorhandenem Gerümpel voll stellen
- Roboter spielen: Alle bewegen sich in abgehackten Bewegungen durch den Raum, begegnen und begrüßen sich.
- Riechprobe: An imaginären Flaschen riechen, die etwas Wohlriechendes, etwas Ekliges usw. enthalten, und den entsprechenden Gesichtsausdruck machen
- Blumenpflücken: Jeder Spieler bewegt sich über eine imaginäre Blumenwiese, wählt die schönsten Blumen aus, riecht daran, so lange bis jeder einen großen Strauß im Arm hat.
- Hexenstiefel: Am Boden sitzend zieht sich jeder einen imaginären Hexenstiefel an. Sobald dieser zugeschnürt ist, macht sich das Bein selbstständig. Der Spieler muss nun versuchen, sein Bein mit dem Stiefel wieder zu fassen zu kriegen und den Stiefel loszuwerden.

Einige Spielideen möchten wir ausführlicher vorstellen:

a. Gangarten-Spiel

Die Schüler stehen sich in zwei Reihen gegenüber. Der erste Spieler der ersten Reihe läuft nun auf eine bestimmte Art und Weise zu einem Spieler der anderen Reihe und nimmt dessen Platz ein. Dieser muss die Gangart des ersten nachahmen und zu einem beliebigen Spieler der ersten Reihe laufen. Dabei wechselt er nach der Hälfte des Weges die Gangart, welche der nächste Spieler (aus der zweiten Reihe) dann übernehmen muss. So laufen die Spieler im Zickzack, wobei sie den ersten Teil der Wegstrecke immer den Vorgänger imitieren und sich dann eine neue eigene Gangart ausdenken.

b. Pantomime-Spiel

Drei Schüler verlassen das Klassenzimmer. Die übrigen Schüler wählen eine Situation, die dargestellt werden muss: ein Baby wickeln, ein Fenster putzen, einen Elefanten waschen, eine Blinddarmoperation durchführen usw. Dann wird ein Schüler von draußen herein geholt. Ihm wird nun die Situation von einem Freiwilligen vorgespielt. Dabei muss er sich, ohne genau zu wissen, was dargestellt wird, die Handgriffe einprägen, denn anschließend muss er sie dem nächsten Schüler von draußen vorspielen usw. Dieses Spiel ist vor allem für die Zuschauer amüsant und lehrreich – die Szene wird sich im Laufe der Zeit beträchtlich verändern.

c. Spielszene: Am Bahnhof

Diese Situation eignet sich zum Einstieg, da hier ganz verschiedene Charaktere auftreten und beliebig viele Rollen eingeführt werden können. Sie kann sowohl pantomimisch dargestellt werden als auch mit Dialogen, Gesprächen und Geräuschen.

Rollen: Gepäckträger, Kartenverkäufer, Taschendieb, Tourist mit Kamera, Vater, Mutter, Kind, alte Dame …

Die Rollen können auch mit Zusatzinformationen näher erläutert werden. Dazu werden Auftragskarten verteilt:

- Kind: Du heulst, suchst deine Mutter, wenn dich jemand anspricht, heulst du nur noch lauter.
- Feine Dame: Dir bricht mitten auf dem Bahngleis der Absatz deines Stöckelschuhs ab, du schimpfst über die unmöglichen Zustände und beschwerst dich bei der Bahnhofsleitung.

- Fußballfan: Deine Mannschaft hat gewonnen.
- Fußballfan: Deine Mannschaft hat verloren.
- Geschäftsmann: Du schimpfst auf die Bahn, die mal wieder Verspätung hat, du wirst wahrscheinlich deinen Termin verpassen.
- Bahnhofsuhr: Du sagst in regelmäßigen Abständen die Uhrzeit an.

Der Reiz liegt darin, neue Rollen zu erfinden und diese in Beziehung zueinander zu setzen. So entwickelt sich die Szene von selbst. Um Chaos zu verhindern, sollten anfangs nicht alle Spieler gleichzeitig auftreten, der Spielleiter kann wenn nötig mit Mikrofondurchsagen (Bahnhofsstimme) eingreifen.

d. Kurze Episoden entwickeln

Hier erhalten die Gruppen ebenfalls Personenvorgaben und entwickeln dazu ein kleines Stück. Die Gruppe sollte sich möglichst eine Pointe oder einen effektvollen Abschluss der Szene ausdenken.

- *Beispiel 1:* Rollen: blinder Drehorgelspieler, seine Drehorgel, Polizist, Zuschauer
- *Beispiel 2:* Rollen: Sprechstundenhilfe, Ärztin, Professor, Kaninchen, andere Patienten
- *Beispiel 3:* Rollen: Prüfling, Prüfer, Putzfrau, Hausmeister …

e. Situationen erraten

Auf der Bühne stellt ein Spieler eine bestimmte Situation dar. Als Requisiten hat er nur drei Stühle. Die Zuschauer sollen erraten, in welche Rolle er geschlüpft ist. Die Szene kann anschließend weiterentwickelt werden, indem ein oder mehrere Spieler dazustoßen und die Situation beeinflussen.

Beispiele:

- Eine Frau sitzt allein an der Theke einer Kneipe.
- Ein Mann wartet am Treffpunkt lange auf seine verspätete Freundin.
- Eine Schülerin langweilt sich im Unterricht.
- Ein Schüler verzweifelt an seiner Mathearbeit.
- Ein Mann sitzt abends müde vor dem Fernseher.
- Eine Frau freut sich, endlich Zeit und Ruhe für sich zu haben, und macht es sich auf dem Sofa gemütlich.
- Ein Mann setzt sich im Park auf eine Bank, liest Zeitung und merkt beim Aufstehen, dass sie frisch gestrichen war.

f. Merkwürdige Situationen darstellen

Jeder Spieler zieht einen Zettel und stellt die beschriebene Situation mit oder ohne Sprache dar.

Beispiele:

- Du steigst mit einer Leiter aufs Dach. Als du wieder hinunterklettern willst, ist die Leiter weg.
- Du sitzt gemütlich vor dem Fernseher. Plötzlich hast du einen seltsamen Geruch in der Nase und suchst nach der Ursache.
- Das Essen auf deinem Teller wird lebendig
- Du schließt die Haustür auf. Doch alle deine Möbel sind verschwunden, es scheint jemand anderer hier zu wohnen.
- Du wachst am Morgen auf und dein Bett schwebt in der Luft.
- Du betrittst dein Zimmer, die Möbel sind auf einmal alle riesengroß.

g. Texte / Gedichte szenisch darstellen

Manche Gedichte und Texte lassen sich gut szenisch darstellen. Jedem Grundschulkollegen ist die Darstellung von Josef Guggenmoos' Gedicht „Die Tulpe" bekannt, die langsam erwacht und wächst und sich entfaltet. Aber auch mit älteren Schülern können ganze Texte und Geschichten während des Lesens pantomimisch, als Puppen- oder Schattenspiel inszeniert werden. Bei Aufführungen ist diese Art der Aufteilung zwischen Sprechern und Spielern oft reizvoll, zumal sich die Darsteller dann allein auf ihr Spiel konzentrieren können, ohne auch noch einen Text auswendig wiedergeben zu müssen.

Geeignet sind hier alle Texte mit viel Handlung wie Balladen, „Max und Moritz" von Wilhelm Busch oder Märchen. Kurze, pointierte Texte wie Fabeln und Kalendergeschichten bedürfen jedoch der wörtlichen Rede.

Gedichte, die sich zum szenischen Darstellen eignen:

Jandl, Ernst: fünfter sein

Jandl, Ernst: im park (beide aus: Jandl, Gesammelte Werke. Frankfurt/M. 1990)

Heine, Heinrich: Sie saßen und tranken am Teetisch (aus: Heine. Werke, Bd. 1: Gedichte, Frankfurt/M. 1968)

Schiller, Friedrich: Der Handschuh (aus: Schillers Gedichte, Leipzig o. J.)

Roth, Eugen. Das Sprungbrett (aus E. Roth. Sämtliche Werke. Bd. 1. München 1977)

Verf. unbekannt: Nikolaus der Mordbube. (aus: Es spielt ein Graf mit einer Magd. Das Moritatenbuch. Hrsg. von Manfred Kluge, München 1986).

Güll, Friedrich: Vom Büblein auf dem Eis (aus: Rolf Krenzers großes Geschichtenbuch für die ganze Familie. Herbst und Winter. Freiburg 1994)

Krüss, James: Kennt ihr Rolf, den Robotmann? (aus: Hans-Joachim Gelberg (Hrsg.): Überall und neben dir. Weinheim und Basel 1989)

Muschg, Hanna: Ein Krokodil (aus: Hans-Joachim Gelberg (Hrsg.): Überall und neben dir. Weinheim und Basel 1989)

La Fontaine, Jean de: Der geschmeichelte Sänger. Rabe und Fuchs (aus: Berlitz Sprachkalender Französisch. 2002)

Das Rollenspiel

Beim Rollenspiel geht es darum, eine Situation auf verschiedene Weisen durchzuspielen, immer wieder zu verändern und so Handlungsalternativen zu entwickeln. Hier können kommunikative Fähigkeiten in realitätsnahen Situationen trainiert werden. Unter dem Schutz der Rolle können die Spieler Hilfestellungen zur Organisation und Bewältigung von Alltagssituationen erhalten und eigene Wünsche, Einstellungen und Ängste artikulieren. So kann die soziale Wirkung des eigenen Verhaltens erprobt werden, ohne schmerzliche Erfahrungen zu machen. Manchmal werden im Rollenspiel auch unbewusste Haltungen aufgedeckt, hinterfragt und gesellschaftliche Normen bewusst gemacht. Gleichzeitig wird die Empathiefähigkeit bei Spielern und Beobachtern geschult. An jedes Rollenspiel sollte sich eine Reflexionsphase anschließen. Man unterscheidet zwischen einem offenen und einem geschlossenen Rollenspiel:

Bei einem offenen Rollenspiel ist die Situation vorgegeben, die Rollen werden aber spontan entwickelt und können hinsichtlich des sprachlichen und sozialen Verhaltens unreflektiert dargestellt werden, sie entwickeln sich im Spiel.

Beim geschlossenen Rollenspiel werden die Rollen und das entsprechende Verhalten von vornherein gezielt festgelegt.

Vorgehensweise:

- Situation erläutern, eventuell Spielplan aufstellen
- Rollen verteilen
- Beobachtungsaufgaben verteilen
- Szene spielen
- Über die Szene sprechen

- Änderungsvorschläge machen
- Die Szene nochmals spielen

Die Spielsituationen sollten aus dem Erfahrungsbereich der Schüler stammen, damit sie sich mit der Rolle/den Personen identifizieren können. Es eignen sich einfache und überschaubare literarische Vorlagen (einzelne Kapitel, Fabeln ...).

Beim Rollenspiel können auch Methoden aus der szenischen Interpretation angewandt werden.

- Doppelrolle mit öffentlichem und verborgenem Ich: Der Spieler gibt durch leises „Beiseite-Reden“ wie in einer Denkblase sein wahres Ich zu erkennen, während sein öffentliches Ich laut vielleicht ganz andere Dinge sagt.
- Selbstgespräch: Die Person kann während der Szene auch Selbstgespräche/innere Monologe einbauen.
- Rollentausch: Auf ein Signal hin tauschen die Spieler in einer Szene die Rollen (vor allem bei Dialogen geeignet).
- Rollenübernahme: Ein neuer Spieler (bisher Zuschauer) wechselt in die Szene hinein und übernimmt eine der Rollen, der bisherige Spieler wird zum Zuschauer.
- Einführung neuer Rollen: Die Szene kann verändert werden, indem neue Personen hinzukommen und Impulse bringen.
- Interview: Das Spiel wird auf Wunsch der Beobachter unterbrochen, die Personen werden zu ihren Gedanken, Gefühlen, ihrer Haltung ... befragt.
- Hilfs-Ich: Von außen kann ein Beobachter wie eine Art innere Stimme hinter den Schauspieler treten und versuchen, Einfluss auf ihn und die Situation zu nehmen.
- Rollenverfremdung: Die Rolle kann auf verschiedene Weise verfremdet werden, beispielsweise kann die Hauptperson aus einer anderen Zeit stammen, ein anderes Alter oder Geschlecht haben ...

Diese Spielmethoden eignen sich auch zur szenischen Interpretation von literarischen Vorlagen (Goethe, „Iphigenie“; Kleist, „Penthesilea“; aber auch Kinder- und Jugendbücher). Dabei wird versucht, die Situationen und die sprachlichen Äußerungen der Figuren in einem Lebenszusammenhang zu sehen und zu inszenieren. Vor allem bei Dramentexten, die meist nur sprachliche Äußerungen der Personen wiedergeben, sollen Vorstellungen über deren Vorgeschichte, ihre Gedanken und Gefühle, aber auch den äußeren Rahmen der Handlung entwickelt werden. Dies soll das Verständnis und die Interpretation des Dramas erleichtern.

Das Hörspiel

Gemeinsam mit einer Gruppe von Schülern oder einer ganzen Klasse ein Hörspiel zu produzieren macht viel Freude und führt meist zu erstaunlichen Ergebnissen. Allerdings bedarf es dazu eines guten Aufnahmegerätes und einiger Vorbereitung. Digitale Sprachaufnahmen mit dem PC und eingespielte Geräusche sind zwar professioneller, aber für die ersten Versuche ist es erfolgversprechender und damit befriedigender, mit einem oder mehreren guten Kassettenrekordern und externen Mikrofonen zu arbeiten, da hier der Arbeitsprozess in jedem Klassenraum einfach zu organisieren und für die Schüler direkt nachvollziehbar ist.

Für ein gelungenes Hörspiel ist neben der Technik die Auswahl des Textmaterials von großer Bedeutung.

Ein Hörspiel sollte möglichst ohne Erzähler auskommen und allein durch die Dialoge und die Hintergrundgeräusche verständlich sein. Um diese „Höchstform“ zu erreichen, muss der gesamte Text in die wörtliche Rede gesetzt und wenn nötig mit zusätzlichen Informationen, ergänzt werden, die über die Dialoge an die Zuhörer kommen. Es ist einfacher, mit etwas weniger anspruchsvollen Formen zu beginnen und einen Erzähler durch die Handlung führen zu lassen.

Man kann für ein Hörspiel selbst ein spezielles Drehbuch verfassen, es erleichtert aber den Einstieg, von einem vorhandenen Text auszugehen. Dieser sollte eine spannende Handlung haben, überschaubar und nicht allzu lang sein. Außerdem sollte er bereits möglichst viel wörtliche Rede enthalten.

Diese vereinfachte Vorgehensweise bietet sich an, um mit den Schülern die einzelnen Schritte zu erarbeiten und einzuüben, denn anfangs ist es bereits schwierig genug, diese zu koordinieren, da bei der Aufnahme vieles gleichzeitig ablaufen muss. Sinnvoll und entlastend ist es auch, jede Szene einzeln aufzunehmen und sie erst am Ende zusammenzuschneiden, sodass einzelne Pannen und Versprecher nicht allzu sehr ins Gewicht fallen. Aus demselben Grund sollten Geräusche und Musik gesondert aufgenommen und über zusätzliche Geräte eingespielt werden.

Um alles übersichtlich zu notieren und damit einen möglichst reibungslosen Ablauf zu erreichen, eignet sich ein Drehbuch in Tabellenform besonders, da hier die Gleichzeitigkeit der verschiedenen Ebenen (Sprecher, Protagonisten, Geräusche, Musik …) deutlich wird (siehe Beispiel S. 52ff.).

Notwendige Schritte zur Vorbereitung eines Hörspiels:

- Text auswählen
- Möglichkeiten diskutieren
- Drehbuch schreiben
- Rollen verteilen
- Passende Geräusche machen (ausprobieren wie!)
- Hintergrundmusik auswählen
- Technische Möglichkeiten kennen und bedienen lernen
- Aufnahme organisieren

Geeignete Texte:

Fabeln (z. B. in Kleingruppen Kapitel aus „Reineke Fuchs" von Johann Wolfgang von Goethe erarbeiten)

Märchen, die bereits viel wörtliche Rede enthalten (z. B. „Hans im Glück" von den Gebrüdern Grimm, „Der Tölpel-Hans" von Hans Christian Andersen)

Balladen (z. B. „John Maynard" oder „Die Brücke am Tay" von Theodor Fontane, „Die Bürgschaft" oder „Der Handschuh" von Friedrich Schiller, „Der Erlkönig" von Johann Wolfgang von Goethe)

Szenen von Loriot und Karl Valentin oder Ephraim Kishon

Ausschnitte aus Hörspielen von Fred von Hoerschelmann, z. B. „Das Schiff Esperanza", „Die verschlossene Tür"

Geräusche machen:

- Feuer: Seidenpapier zerknüllen
- Wellen: eine Schüssel mit etwas Wasser füllen, leicht hin- und herschwappen lassen
- Schiffstuten am Hafen: in eine Flasche blasen
- Pistolenschüsse: mit einem Lineal auf den Tisch schlagen
- Hagel: Reis in eine Pappschachtel rieseln lassen
- Pferdegetrappel: mit Kokosnuss-Schalen auf den Tisch klopfen

Text Erzähler	Text Stimmen	Wer?	Wie?	Geräusche	Musik
John Maynard.					
	Wer ist John Maynard?	alle	neugierig, fragend		Patent Ochsner (CD) Anfang von
	John Maynard war unser Steuermann, aus hielt er bis er das Ufer gewann, er hat uns gerettet, er trägt die Kron, er starb für uns, unsre Liebe sein Lohn. John Maynard.		dankbar		
Die „Schwalbe" fliegt über den Eriesee, Gischt schäumt um den Bug wie Flocken von Schnee; von Detroit fliegt sie nach Buffalo. Die Herzen aber sind frei und froh, und die Passagiere mit Kindern und Fraun im Dämmerlicht schon das Ufer schaun, und plaudernd an John Maynard heran tritt alles.				Gischt (Plastikfolie) plaudernde Passagiere	Wellen / Meer (tape)
	Wie weit noch, Steuermann?	mehrere Passagiere	fröhlich plaudernd		
Der schaut nach vorn und schaut in die Rund:					

	Noch dreißig Minuten … Halbe Stund.	John Maynard	abschätzend, pfeift		
Alle Herzen sind froh, alle Herzen sind frei, da klingts aus dem Schiffsraum her wie ein Schrei:					
	Feuer!	Besatzung	panisch		
War es, was da klang, ein Qualm aus Kajüt und Luke drang, ein Qualm, dann Flammen lichterloh und noch zwanzig Minuten bis Buffalo. Und die Passagiere, buntgemengt, am Bugspriet stehn sie zusammengedrängt, am Bugspriet vorn ist noch Luft und Licht, am Steuer aber lagert sich's dicht und ein Jammern wird laut:				Feuer knistert (Seidenpapier) Panik, Jammern	Beethoven (dramatisch)
	Wo sind wir? Wo?				
Und noch fünfzehn Minuten bis Buffalo.			dramatisch		

Der Zugwind wächst, doch die Qualmwolke steht, der Kapitän nach dem Steuer späht, er sieht nicht mehr seinen Steuermann, aber durchs Sprachrohr fragt er an:				Wind	
	Noch da John Maynard?	Kapitän	brummig, besorgt		
	Ja, Herr ich bin.	John Maynard	ruhig		
	Auf den Strand! In die Brandung!	Kapitän			
	Ich halte drauf hin.	John Maynard			
Und das Schiffsvolk jubelt:					
	Halt aus! Hallo!	alle	aufmunternd	Jubel, Durchhalteparolen	
Und noch zehn Minuten bis Buffalo.			dramatisch		

Beispiel eines Drehbuchs in Tabellenform: John Maynard (Auszug)

Teil B: Schreiben

Es ist schön zu schreiben,
weil das die beiden Freuden in sich vereint:
allein zu reden und zu einer Menge zu reden.

Cesare Pavese, 1908 – 1950

Solange es Menschen gibt, möchten sich diese einander mitteilen. Aber nicht nur die gesprochene Sprache dient als Kommunikationsmittel. Auch Gesang, Schrift und Malerei sind Wege, Nachrichten zu übermitteln, Gedanken und Gefühle auszudrücken und Absichten durchzusetzen. Im Schulalltag kann man die Bedeutung der Schrift als Kommunikationsmittel über Brieffreundschaften, E-Mail-Kontakte, über schriftliche Anträge für den Klassenrat oder das Führen eines Klassentagebuchs erfahrbar machen.

Die Sekundarstufe bietet außerdem im Rahmen der Fächerverbünde die Chance, das Thema Schrift auf vielfältige Weise lebendig werden zu lassen: Die Entwicklung und Bedeutung von Schriftzeichen wird im geschichtlichen und interkulturellen Zusammenhang nachvollziehbar.

Experimente mit fremdartigen Schriftzeichen oder Geheimschriften, mit ungewöhnlichen Schreibunterlagen (Leder, Leinen oder Fliesen) motivieren und beleuchten das Thema aus einem anderen Blickwinkel.

1 Rechtschreiben üben

Rechtschreiben individuell lernen und verbessern

Richtig schreiben zu lernen ist ein Lernprozess, der an die Lernenden vielfältige und hohe Anforderungen stellt: Um Wörter richtig wiedergeben zu können, muss der Schreibende über kognitive, aber auch über visuelle, akustische, sprech- und graphomotorische, semantische und mnemotechnische Fähigkeiten verfügen.

Natürlich sind nicht alle diese Fähigkeiten bei allen Schülern gleich stark ausgeprägt. Meist behilft sich der Lernende, um sich die Rechtschreibung anzueignen, mit der Anwendung einer oder mehrerer bevorzugter Strategien, die seinem Lerntyp entsprechen. So kann z. B. ein guter Rechtschreiber, der über einen ausgezeichneten Wortbildspeicher verfügt und deshalb im Allgemeinen richtig schreibt, Probleme haben, Regeln richtig anzuwenden. Dies zeigt sich dann z. B. in einer fehlerhaften Groß- und Kleinschreibung oder Kommasetzung.

Neben den bereits genannten Komponenten spielen wie bei allen Lernprozessen die Motivation, die Lernbereitschaft, die Aufmerksamkeits- und Wahrnehmungsfähigkeit eine bedeutende Rolle.

In der Sekundarstufe finden sich nun Schüler mit ganz unterschiedlichen Rechtschreibstrategien und -leistungen: Manche Kinder, die Wortstrukturbilder verinnerlicht haben und diese spontan abrufen können, scheinen beinahe automatisch richtig zu schreiben. Andere Kinder wenden Eselsbrücken an oder setzen gekonnte Regeln um. In allen Schularten gibt es aber auch Schüler, die offensichtlich mit der Rechtschreibung auf Kriegsfuß stehen und denen der Spaß am Schreiben längst vergangen ist. Die meisten von ihnen waren zu Beginn ihrer Schulzeit genauso eifrig und motiviert, selbst schreiben zu lernen, wie alle anderen Schulanfänger auch. In den dazwischen liegenden Schuljahren mussten sie allerdings erfahren, dass die Worte, die sie zu Papier brachten, nicht normgerecht geschrieben und damit für andere, besonders für die Lehrerinnen und Lehrer, „falsch" waren. Auch gute Ideen und schöne Geschichten wurden oft mit dem Rotstift „verbessert", was die Unlust am Schreiben und die Abneigung gegenüber dem Fach Deutsch wachsen ließ.

Rechtschreibung wirkt sich aber nicht nur im Deutschunterricht entsprechend positiv oder negativ aus: Sichere und motivierte Rechtschreiber haben auch in allen anderen Unterrichtsbereichen Vorteile, wenn es um die schriftliche Darstellung von Informationen geht. In fast allen Schulfächern findet außerdem die Leistungsmessung in erster Linie schriftlich statt. Deshalb sind Frustrationen bei vielen Schülern mit schwächeren Rechtschreibleistungen vorprogrammiert. Regelmäßige Misserfolge haben auch Auswirkungen auf das Selbstwertgefühl und können zu Arbeitsverweigerung, Vermeidungstaktiken, Rückzug und Versagensängsten führen (z. B. vor Diktaten oder anderen Klassenarbeiten). Es kostet Zeit und braucht motivierende, spielerische Formen, um diese Kinder wieder für das Schreiben zu gewinnen und ihnen zu Erfolgserlebnissen zu verhelfen.

All diese Schüler mit ihren unterschiedlichen Vorerfahrungen, Strategien und Rechtschreibleistungen sollen nun gleichzeitig im Unterricht gefordert und gefördert werden.
Dies ist unserer Meinung nach nur möglich, wenn die Kinder an ihrem eigenen Förderprogramm entscheidend mitwirken und für sich sinnvolle Übungsmethoden kennen und selbstständig anwenden lernen. Deshalb bieten wir ihnen ein Repertoire verschiedener Methoden an, aus dem sie ihrem Lerntyp und Lernstand gemäß ihre Favoriten auswählen können. Dabei gilt: Je vielseitiger die Übungsformen, desto motivierender ist der Rechtschreibunterricht für alle Kinder und desto wahrscheinlicher entdeckt der einzelne Schüler eine Methode, die ihm zusagt und hilft. Prozessbegleitende Lernprotokolle geben den Kindern Rückmeldung über ihre Fortschritte und ihren weiteren Übungsbedarf.

Aus diesen Vorüberlegungen und Erfahrungen ergeben sich für uns folgende Prinzipien für einen erfolgreichen Rechtschreibunterricht, der die unterschiedlichen *Lernvoraussetzungen, -strategien* und *Leistungen* berücksichtigt:

- Rechtschreibunterricht muss die Bedeutung des Sprechens und Schreibens deutlich werden lassen und für die Sprache sensibilisieren.
- Rechtschreibunterricht ist Schreibunterricht – wer viel und vor allem gerne schreibt, verbessert auch seine Rechtschreibung. Rechtschreibunterricht muss deshalb motivierende, kreative und spielerische Übungsformen beinhalten.
- Rechtschreibunterricht muss für die Kinder bedeutsam sein. Er muss deshalb von ihrer Lebenswirklichkeit, von ihrem aktiven und passiven Wortschatz ausgehen und diesen schrittweise erweitern.

- Die Verantwortung für den Prozess des Richtig-Schreiben-Lernens darf nicht allein beim Lehrer liegen. Die Schüler entscheiden mit, welche Wörter für sie wichtig sind und auf welche Weise sie diese erarbeiten und üben wollen. Außerdem sollen die Schüler angeleitet werden, ihre Schwierigkeiten, aber auch ihre Fortschritte zu erkennen.
- Rechtschreibunterricht soll Wege zum Lernen lernen zeigen. Rechtschreibunterricht muss deshalb ein Repertoire an Übungsformen erarbeiten, um möglichst allen Kindern einen ihnen hilfreichen Zugang aufzuzeigen.
- Rechtschreibunterricht berücksichtigt Individualität.
- Richtig-Schreiben-Lernen braucht Zeit. Rechtschreibunterricht muss deshalb genügend Übungszeit zur Verfügung stellen.

Sprachgefühl für die gesprochene und geschriebene Sprache entwickeln

Um Bereitschaft zum Schreiben zu zeigen, müssen Kinder die Bedeutung der geschriebenen und gesprochenen Sprache erkannt und verstanden haben. In den ersten beiden Schuljahren ist das Schreiben selbst Gegenstand des Unterrichts. Am Schulanfang ist es der sehnliche Wunsch fast aller Kinder, lesen und schreiben zu können.
Ist dieser Wille in den folgenden Jahren abhanden gekommen und wird das Schreiben nur noch als lästiges, schulisches Übel gesehen, lohnt es sich, das Thema Sprache und Sprachen im Unterricht der Sekundarstufe wieder aufzugreifen und im Zusammenhang mit neuen und damit spannenden Themen aus den Bereichen Welt, Zeit, Gesellschaft sowie Ethik/Religion zu sehen.

Konzentration und Wahrnehmung fördern

Für die Rechtschreibung ist aber nicht nur die Sensibilisierung für die geschriebene und gesprochene Sprache wichtig. Auch allgemeine Konzentrations- und Wahrnehmungsübungen schulen die Aufnahmefähigkeit und die Gedächtnisleistung, die den Kindern beim Rechtschreiben abverlangt werden. Oft ist zu bemerken, dass Kinder mit einer schlechten Handschrift und unordentlichen Hefteintragungen Probleme mit der Rechtschreibung haben. Gerade das Schreiben unter zunehmendem Zeitdruck bereitet Schülern oft Schwierigkeiten. Unvollständige und fehlerhafte Notizen wirken sich aber in allen Fächern auf die Leistung aus. Deshalb sollten graphomotorische Übungen auch in den Unterricht der Sekundarstufe integriert werden. Lernpsychologen verweisen auf die Bedeutung motorischer Übungen für die Aufnahmefähigkeit und die Verarbeitung des Gelernten. Als Einstieg, als Intervall, als Haus- oder Wochenplanaufgaben usw. sollten solche kleinen Übungen folglich einen festen Platz im Unterricht einnehmen. Wir zeigen hier Beispiele für Konzentrations- und Wahrnehmungsübungen, motorische und graphomotorische Übungen, die man allein, mit einem Partner oder in der Gruppe machen kann.

Spiele für einzelne Schüler

- Mandalas ausmalen oder selbst gestalten
- Fühlbuchstaben/Gegenstände durch Ertasten erkennen
- Türme bauen (aus Steinen, aus Stiften …)
- Gekaufte Geschicklichkeitsspiele

Schülerarbeit aus einer 7. Klasse

Einige geeignete Übungen und Spiele stellen wir im Folgenden ausführlicher vor.

a. Labyrinth

Labyrinthe tauchen bereits als Kopiervorlage in vielen Büchern, Arbeitsheften und Zeitschriften auf. Spannender und motivierender ist es jedoch, die Kinder selbst ein solches Labyrinth zeichnen zu lassen und dieses dann mit dem Partner zu tauschen.

b. Original und Fälschung

Es haben sich 11 Fehler eingeschlichen. Finde sie heraus.

Original (oben), Fälschung (unten), Lösung S. 238:

c. Ein Muster fortsetzen, zeichnen oder legen

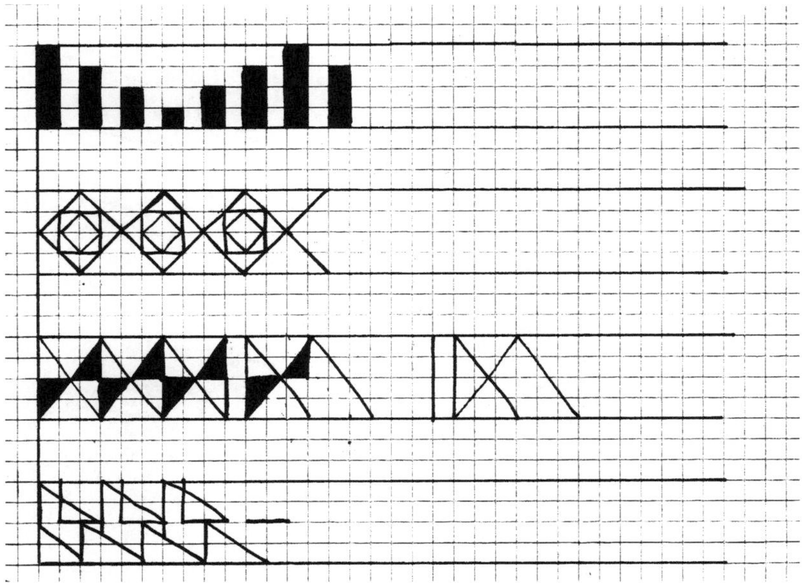

d. Den Weg zwischen Linien nachfahren, ohne diese zu berühren

e. Die Linie nur mit den Augen verfolgen und sich dabei die Reihenfolge der Gegenstände merken

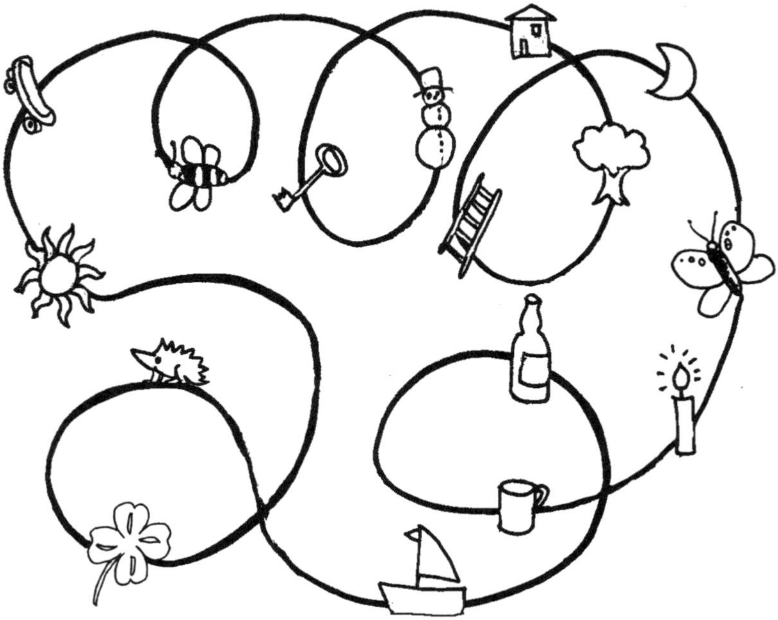

f. Texte, in denen Buchstaben oder ganze Wörter durch Symbole oder Zahlen ersetzt sind

Möglichkeit A: Buchstaben sind ersetzt

Ei, ei, ei ...

H◯nz, H◯ke, H◯ner und H◯ko lieben die W◯hnachtsz◯t. Sie freuen sich auf die w◯ße Pracht aus ◯s und Schnee. L◯der schn◯t es in ihrer H◯mat aber nur selten, m◯st müssen sie noch ◯nige Wochen warten oder w◯ter weg fahren. „Das ist gem◯n", schr◯t der kl◯ne H◯ko verzw◯felt, als am Morgen des H◯ligabends wieder k◯n bisschen Schnee zu sehen ist.

Möglichkeit B: Buchstaben sind durch Zahlen ersetzt

UmMittern8m8en8RattenKr8obtenundl8endassdieBalkenkr8en
daw8eeineN8igallaufundd8e8obtdieseBandedennjedeN8!

U M M I T T E R N 8 M 8 E N 8 R A T T E N K R 8 O B T E N U N D L 8 E N
D A S S D I E B A L K E N K R 8 E N D A W 8 E E I N E N 8 I G A L L A U F
U N D D 8 E 8 O B T D I E S E B A N D E D E N N J E D E N 8 !

g. Richtig oder falsch: Details eines Bildes merken (KIM-Spiel)
Hierzu finden Sie auf der nächsten Doppelseite Kopiervorlagen.

Der Handwerker Herr Weber

Herr Weber ist Handwerker und auf dem Weg in den Baumarkt.
Schau dir das Bild eine Minute lang an. Merke dir möglichst alle Einzelheiten.

Versuche dann, die folgenden Aussagen mit richtig oder falsch zu bewerten,

ohne auf die Zeichnung zu schauen.

	richtig	falsch
■ Herr Weber hat zwei Bleistifte in der linken Jackentasche.	☐	☐
■ Herr Weber heißt mit Vornamen Willi.	☐	☐
■ Herr Webers Mantel hat zwei Taschen.	☐	☐
■ Herr Weber trägt eine karierte Krawatte.	☐	☐
■ Herr Weber möchte sich zwei belegte Brötchen zum Mittagessen besorgen.	☐	☐
■ Herr Weber hat schwarze Locken.	☐	☐
■ Herr Weber trägt einen Bart.	☐	☐
■ Herr Weber trägt einen Vollbart.	☐	☐
■ Herr Weber braucht acht Meter Holzleisten.	☐	☐
■ Herr Weber hat einen Ohrring am rechten Ohr.	☐	☐
■ Von Herrn Webers Jacke sind drei Knöpfe sichtbar.	☐	☐
■ Herrn Webers Schirmmütze wirbt für Klebeschnell.	☐	☐
■ Herrn Webers Brille ist viereckig.	☐	☐
■ Herr Weber hat drei Arbeitsmaterialien auf seiner Einkaufsliste.	☐	☐
■ Auf dem Bild links von Herrn Weber steht ein Eimer.	☐	☐
■ Herr Weber hat keine Schnur mehr.	☐	☐
■ Herr Weber trägt Gummistiefel.	☐	☐

KLEBEFIX
3 m Draht
2,7 m Schnur
8 m Holzleisten
1 belegtes Brötchen
WILLI

h. Spiegelbilder

Spiele für Gruppen

- Mikado
- Memory
- Zwei Partner malen gemeinsam mit einem Stift ein Bild.
- Zwei Partner malen an einem gemeinsamen Bild immer abwechselnd eine Linie.
- KIM-Spiele (mit allen Sinnen, am Tageslichtprojektor, an einem Kind eine Veränderung erkennen ...)
- Zeichnungen an der Tafel anschauen, merken, nachzeichnen
- Akustisches Rechnen: Klatschen/Stampfen von Rechenaufgaben
- Rechenaufgaben sanft in die Hand zählen
- Legeübungen mit Stiften (am Tageslichtprojektor vormachen)
- Geräusche erkennen
- Stille Post
- Sich gegenseitig blind führen (an der Hand, über einen Strohhalm)
- Einen Rhythmus nachklatschen

Neben den bekannten Spielen möchten wir einige weniger bekannte Spielmöglichkeiten genauer erklären:

a. Das Münzenspiel

Bei diesem ruhigen Spiel geht es darum, im Klassenzimmer eine Münze zu entdecken. Zuerst wird ein Spielleiter gewählt, der allein im Klassenzimmer zurückbleibt, um die Münze an einem beliebigen Platz abzulegen. Hierbei ist zu beachten, dass die Münze nicht wirklich versteckt wird, d. h., sie darf nicht zugedeckt oder in etwas hineingelegt werden. Nun werden alle Mitspieler hereingeholt und aufgefordert, nach der Münze zu suchen.

Dabei gelten zwei Regeln:

- Die Hände dürfen nicht benutzt werden.
- Es darf nicht gesprochen werden.

Es gilt also, die Münze nur mit Hilfe der Augen zu finden. Hat jemand die Münze entdeckt, schleicht er sich unauffällig und am besten auf Umwegen zum Spielleiter und flüstert diesem den Fundort ins Ohr. Die übrigen Mitspieler suchen weiter. Die Runde kann nach einer bestimmten Zeit beendet werden oder erst, wenn alle Schüler die Münze gefunden haben. Spielleiter der nächsten Runde ist der erste Finder.

b. Steine wiedererkennen

Bei diesem Spiel geht es darum, einen Stein sehr genau wahrzunehmen und sich seine Größe und Form so einzuprägen, dass er blind wieder erkannt werden kann. Jedes Kind bekommt einen Stein in die Hand und hat einige Minuten Zeit, mit diesem vertraut zu werden. Danach werden alle Steine eingesammelt. Am besten steht die Gruppe nun im Kreis, denn die Steine werden nacheinander weitergereicht. Wer glaubt, seinen Stein gefunden zu haben, tritt einen Schritt zurück. Meistens gelingt es allen Kindern, ihren Stein zu identifizieren.

Je nach Jahreszeit kann man auch mit anderen Gegenständen spielen, geeignet sind im Herbst Kastanien, in der Adventszeit Mandarinen oder Erdnüsse. Hierbei ist es allerdings kaum möglich, blind zu unterscheiden, vielmehr geht es dann um die genaue Wahrnehmung mit Hilfe der Augen! Um diese zu schulen und die Aufmerksamkeit auf die Besonderheiten von Gegenständen zu lenken, kann auch eine gemeinsame Fantasiereise oder Meditation vorausgehen (siehe S. 71f.).

c. Der Taschendieb

Ein Kind wird zum Dieb ernannt. Die übrigen Kinder schließen ihre Augen. Der Dieb schleicht nun durch das Klassenzimmer und versucht, heimlich eine Schultasche zu entwenden. Er ist erwischt, wenn der Besitzer der Tasche blind auf ihn zeigen kann.

d. Varianten zu „Ich packe meinen Koffer"

- *Grundform:*
  Die Klasse sitzt im Kreis. Ein Schüler beginnt: Ich packe eine Hose ein. Der nächste Spieler wiederholt, was der Vorgänger mitnimmt und ergänzt einen weiteren Gegenstand: Ich packe eine Hose und eine Zahnbürste ein. So wird die Wortkette mit jedem Schüler länger und schwieriger zu behalten.
- *Varianten mit Namen:*
  Als Kennenlernspiel eignet es sich, jedes Kind den eigenen Namen nennen zu lassen. Nach dem zuvor beschriebenen Prinzip werden so alle Namen nach und nach genannt und immer wieder wiederholt.

  In einer etwas anspruchsvolleren Variante wird der Name mit einem passenden Adjektiv ergänzt. Hierbei gibt es verschiedene Möglichkeiten, z. B. dass das Adjektiv mit demselben Buchstaben beginnt wie der Name: die sonnige Susanne – die sonnige Susanne, die lustige Lena – die sonnige Susanne, die lustige Lena, der mutige Mükremin …

Die Reise zum Erdnuss-Stern

Nimm eine Nuss in die linke Hand und umschließe sie vorsichtig mit deinen Fingern.
Stelle dir vor, deine Hand wäre ein geschlossenes Buch. Du öffnest das Buch, indem du Finger für Finger ganz langsam aufbiegst. Sieh dir deine offene Hand genau an.

Stell dir vor, du siehst in deinem Buch auf der Hand ein faszinierendes Foto des Weltraums.
Überall funkeln und glitzern Sterne und genau in der Mitte des Bildes, zwischen all den leuchtenden Punkten erblickst du ihn – deinen Erdnuss-Stern.

Das Bild zieht dich in deinen Bann. Du kannst gar nicht mehr wegschauen, so schön ist es. Du betrachtest es ganz lang und intensiv. Du siehst die kleinen Hügel, die Täler und Furchen und alle Krater auf dem Stern. Er ist etwas ganz Besonderes.

Du stellst dir vor, du wärst auf diesem tollen Stern, und auf einmal bist du oben. Du fühlst die warme, sanfte Erde des Sterns unter deinen Füßen und mit deinen Händen. Die Luft hier oben ist herrlich und voller weihnachtlicher Gerüche. Du wanderst auf deinem Stern entlang bis zum nördlichsten Punkt. Hier am Nordpol erkennst du erst, wie groß er ist.

Nimm nun deinen Erdnuss-Stern zwischen deine Finger und wandere mit den Augen um den Stern herum. Vom Nordpol entlang einer Linie bis zum Südpol. Merke dir jede Vertiefung, jedes Löchlein, jede Unebenheit und jede Erhebung.

Dir gefällt der Erdnuss-Stern immer besser. Es ist dein Stern. Du beschließt weiterzuwandern, bis auf die Rückseite des tollen Sterns. Du siehst dir alles besonders gut an. Dein Blick erfasst jeden Berg und jedes Tal des Geländes und auch deine Fingerspitzen tasten sachte die Oberfläche des Erdnuss-Sterns ab.

Du nimmst dir Zeit, um dir alles zu merken, denn schon bald kann deine Reise zu Ende sein. Merke dir, wie dein Erdnuss-Stern aussieht. Lege die Nuss wieder in die Mitte deiner offenen Hand und wirf zum Abschied noch einen letzten Blick auf deinen Stern.

Jetzt schließt sich ein Finger nach dem anderen vorsichtig und ganz langsam. Dein Buch ist wieder fest verschlossen und nur du weißt, welchen Inhalt es enthält.

Weißt du noch, wie schön es auf dem Stern war und wie dein Erdnuss-Stern genau aussah?

Jetzt werden alle Erdnüsse eingesammelt und anschließend durch die Runde gegeben. Wer seine Erdnuss findet, hält sie hoch.

Eine Vorgabe kann auch sein, dass dieses Adjektiv zur eigenen Person passt, oder jeder macht zusätzlich eine bestimmte Bewegung, die ebenfalls immer wiederholt werden muss.

- *„Reise nach Berlin“:* Ich bin Sonja und nehme Sonnencreme mit …
- *Variante zu einem bestimmten Unterrichtsthema:*
  Diese Variante eignet sich zum Einstieg in ein neues Sachgebiet oder zur Wiederholung eines Themas und der entsprechenden Fachbegriffe. Beispiel: „Wenn ich an den Weltraum denke, denke ich an Planeten. – Wenn ich an den Weltraum denke, denke ich an Planeten und Umlaufbahnen. – Wenn ich an den Weltraum denke, denke ich an Planeten, Umlaufbahnen und Fernrohre“ …

e. Rückentelegramm

Sich eine Botschaft auf den Rücken zu malen oder zu schreiben und diese wie bei der stillen Post weiterzugeben, kann sehr viel Spaß machen. Ein schönes Spiel ist es, zwei Gruppen gegeneinander antreten zu lassen. Dazu stellen sich die beiden Mannschaften in zwei Reihen vor der Tafel auf. Blickrichtung ist dabei die Tafel. Die beiden letzten Spieler erhalten nun einen Zettel mit der Botschaft, die sie über den Rücken ihres Vordermanns weitergeben sollen. Dies kann ein einfaches Symbol (Herz, Sonne …) sein oder ein kurzes Wort. Die Botschaft wird nun von Spieler zu Spieler weitergegeben, der Vordermann, der direkt an der Tafel steht, zeichnet die Botschaft mit Kreide an die Tafel.

Balance-/Gleichgewichtsübungen/Koordinationsübungen

- Sing- und Klatschspiele (die Schülerinnen kennen genügend)
- „Hans, dreh dich um“
- Während eines Bewegungsablaufs auf ein Signal hin „einfrieren“
- Rückwärts gehen
- Auf einem Bein balancieren
- Einen Radiergummi auf dem Lineal balancieren
- Tanzspiel (überkreuz die Hand geben und sich aneinander vorbeiziehen, Richtungswechsel)

Diese Beispiele stellen nur eine Auswahl aus unzähligen Spielmöglichkeiten vor. Diese sollen eigene neue und altbewährte Spielideen ergänzen, nicht ersetzen. Weitere gute Tipps und Anregungen gibt es bei den Sportkollegen.

Zum Schreiben motivieren

Bei allen Lernprozessen hat die Motivation entscheidenden Einfluss auf die Ergebnisse.

Oberstes Ziel einer erfolgreichen Schreib- und Rechtschreibförderung muss deshalb sein, die Bereitschaft zum oder gar die Lust am Schreiben zu erhalten oder wieder zu wecken. Schreiben soll Spaß machen und auch zweckfrei geschehen. Dazu gehört es, auch etwas Falsches stehen zu lassen und bei kreativen Formen nicht sofort mit dem Rotstift zu kommen.

Besonders geeignet sind Wort- und Sprachspielereien. Kreative, spielerische und offene Schreibformen werden gerade von rechtschreibfrustrierten Kindern gerne angenommen, wenn sie selbst über Menge und Inhalt ihres Textes entscheiden können.

Aber auch kleine Textformen mit klaren Vorgaben zur Struktur wie z. B. Akrostichons, Elfchen, Pfenniggeschichten oder andere Minitexte motivieren und verhelfen zu Erfolgserlebnissen. Es ist zu beobachten, dass auch schwache Kinder eigene Werke gerne verbessern lassen und diese oft sogar freiwillig noch einmal überarbeiten, da sie kurz, überschaubar, aber auch persönlich bedeutsam sind.

Entscheidend für die weitere Motivation der „Dichter" ist, dass ihre Ergebnisse gewürdigt werden. Hierzu eignen sich Dichterlesungen oder Ausstellungen. Wichtig ist, dass kein Kind zum Vortragen gezwungen wird und Verbesserungen nur auf Wunsch erfolgen.

Für das Kind bedeutsame Worte üben

Eigene Texte sind auch ein Anknüpfungspunkt für das Rechtschreibtraining. Kinder spielen gerne mit Wörtern. Sie lassen sich auch für fremde und schwierige Wörter begeistern, wenn diese für sie etwas bedeuten. Ein unzugänglicher Text voller Worte, die nicht dem aktiven Wortschatz des Kindes entstammen, kann kaum Interesse wecken. Gerade Kinder mit einem geringen Wortschatz müssen oft Wörter aufschreiben, deren Bedeutung sie gar nicht kennen oder die sie zumindest von sich aus nie benutzen würden.

Deshalb halten wir es für sinnvoll, vorrangig den eigenen Wortschatz der Kinder zu sichern und ihn schrittweise zu erweitern. Hierbei bietet es sich an, von freien Texten auszugehen, die die Kinder selbst verfasst haben, und die dort aufgetretenen Rechtschreibprobleme aufzugreifen. Aus diesen Texten ergeben sich so individuelle Lern- und Übungswörter, deren Anzahl von

Kind zu Kind verschieden sein kann. Diese werden in der folgenden Zeit im Unterricht und zu Hause geübt und ergänzt. Allerdings sollten gerade rechtschreibschwache Kinder mit vielen Fehlern nur eine überschaubare Anzahl an Übungswörtern erhalten. Für deren Auswahl können dabei die Bedeutsamkeit und die Häufigkeit des Begriffes entscheidend sein. Grundlegend sind die oft übersehenen kleinen Wörter, die aber regelmäßig falsch geschrieben werden.

Oft sind in diesen eigenen Texten auch Fehlerschwerpunkte der einzelnen Schüler erkennbar, die dann gezielt bearbeitet werden können. Hilfreich ist auch die Liste mit den einhundert häufigsten Fehlerwörtern von Dr. Gero Tacke.

Neben der Arbeit mit dem individuellen Wortschatz kann im Klassenverband ein Grundwortschatz erarbeitet werden, der sich aus den im Unterricht behandelten Themen ergibt. Dabei gelten wieder die oben genannten Kriterien: Die Auswahl sollte dem Sprachgebrauch der Kinder angemessen sein, keine Spezialbegriffe, sondern häufig benutzte Wörter enthalten, vor allem auch die kleinen Wörter berücksichtigen usw.

Die Gliederung des Wortmaterials (thematisch, alphabetisch, nach Wortarten …) hängt davon ab, ob und welche Wörterlisten die Grundlage bilden. Für die Anzahl der zu übenden Wörter gilt, vergleichbar dem Vokabeltraining: Weniger ist mehr.

Wörtersammlung

Zu einem vorgegebenen Thema wie „Winter“ oder „Weltraum“ soll sich zunächst jeder Schüler zehn Minuten lang Gedanken machen und passende Verben, Adjektive oder Substantive aufschreiben. Dazu kann das Wörterbuch verwendet werden, damit keine Rechtschreibfehler entstehen und unsichere Schüler eine Hilfe haben. Nach einem akustischen Signal (Glocke, Klingel) werden die gesammelten Wörter mit dem Tischnachbarn verglichen. Alle Wörter, die eigenen und die des Tischnachbarn, werden nun nochmals aufgeschrieben, sodass die Liste wiederholt und verlängert wird. Nach einem erneuten Signal müssen sich vier Kinder austauschen. Auch hier werden alle gefundenen Wörter gesammelt und nochmals geschrieben. Jetzt liest eine Gruppe ihre Ergebnisse vor. Die anderen Gruppen der Klasse ergänzen mit Wörtern, die noch nicht genannt werden. Die genannten Wörter werden an der Tafel notiert und als Lernwörter übernommen. Sind es zu viele, so kann man sich in der Klasse auf die wichtigsten einigen oder die Lernwörter in kleinen „Häppchen“ trainieren.

Mind-Map

Zu einem bestimmten Thema wie „Ägypten“ oder „Weihnachten“ werden drei bis fünf aussagekräftige Schlagworte an der Tafel gesammelt. Auf die Frage: „Was fällt euch spontan zu … ein?“ werden meist schon die wichtigsten genannt.

Jedes Kind übernimmt die begonnene Mind-Map in sein Heft. Zu jedem Begriff müssen nun passende Verben (grün), Adjektive (blau) und Substantive (rot) gefunden werden. Dabei arbeiten die Kinder in Gruppen und verwenden das Wörterbuch. Am Ende werden alle gefundenen Begriffe in die Tafel-Mind-Map übernommen. Lernwörter sind die Wörter, die jede Gruppe gefunden hat. So trainiert jedes Kind einen individuellen Wortschatz.

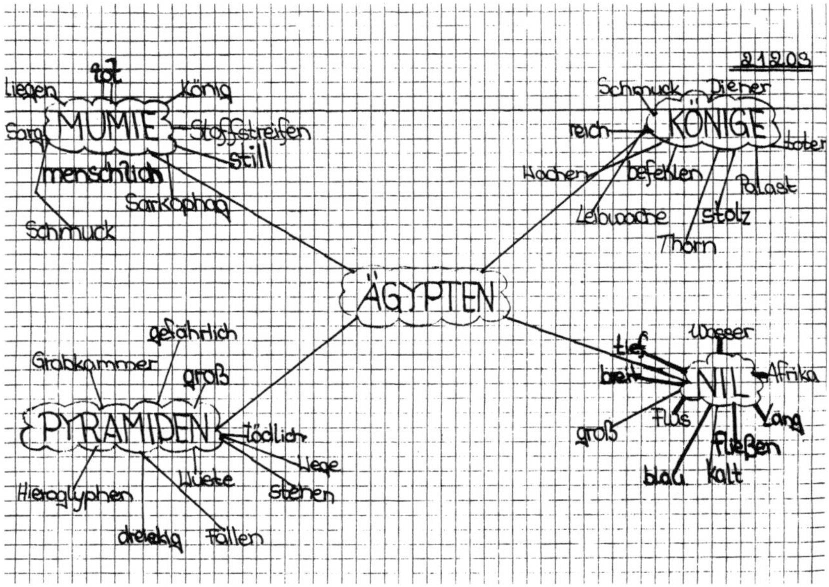

Wortgemälde

Jeder bekommt die Kopie eines Bildes und trägt passende Begriffe auf dem Bild ein. Es kann wahlweise auch ein Bild mit dem Tageslichtprojektor gezeigt werden. Die Schülerinnen und Schüler sammeln dann die Wörter in ihr Heft. Das Wörterbuch soll auch hier selbstverständlich eingesetzt und zur Wortfindung und Überprüfung der Rechtschreibung verwendet werden. Auf der nächsten Seite sehen Sie ein Beispiel für ein Wortgemälde.

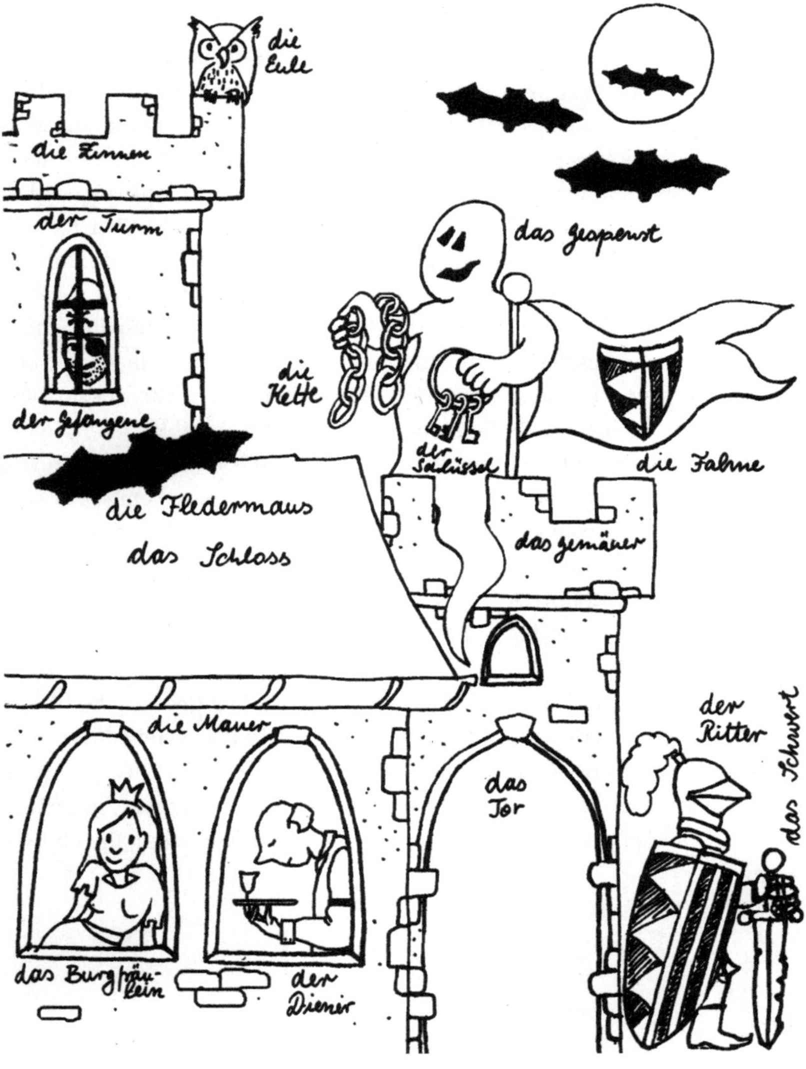

Für den eigenen Lernprozess sensibilisieren

Der Leistungsstand in Rechtschreibung und Zeichensetzung sollte regelmäßig überprüft werden. Wichtiger als die Klassenarbeiten ist jedoch, dass der Schüler seine Schwierigkeiten selbst erkennt und auch seine Fortschritte wahrnimmt (seien sie auch noch so klein). Dies braucht erst einmal Übung und die Anleitung durch den Lehrer.

Bewährt hat sich das Führen von einfachen Fehlertabellen, in die die Schüler ihre Fehler aus Aufsätzen, Diktaten, Hausaufgaben und freien Texten selbst eintragen. Für den Lehrer bedeutet dies zuerst einen Mehraufwand an Korrekturen, da die Schüler zu Beginn ihre Fehler kaum selbst systematisieren können. Symbole oder Markierungen am Rand des korrigierten Textes helfen den Kindern, ihre Fehler bzw. ihre Lernwörter übersichtlich in den Tabellen aufzuführen. Um die Lehrkraft zeitlich nicht zu überfordern und den Kindern nicht allzu große Lernportionen zuzumuten, bieten sich hier kurze Abschnitte besser an als lange Texte.

Mit der Zeit stellt der Überblick über die eigene Leistung, den die Schüler dabei gewinnen, sogar eine Entlastung für den Lehrer dar: Die Kinder können mit Hilfe von Übungsformen aus ihrem Repertoire ihre Lernwörter selbst trainieren oder zusätzlich aus fertigen Rechtschreibkarteien, Rechtschreibwerkstätten oder guten Deutschbüchern die entsprechenden Aufgaben auswählen und üben. Nebenbei ist so schnell zu erkennen, was im Plenum wiederholt werden muss und wo nur einzelne Hilfe brauchen. Der Hauptvorteil liegt jedoch im veränderten Bewusstsein der Schüler: Die eigene Verantwortung für den Fortschritt und der Zusammenhang zwischen Übung und Leistung werden regelmäßig und nicht nur nach benoteten Klassenarbeiten deutlich.

Voraussetzung sind häufige „Mini-Diagnosen“. Geeignet sind dazu zusammenhängende Texte, in Ergänzung aber auch Wörterlisten, die zu Stundenbeginn, als Intervall oder als Aufgabe während der Freiarbeit geschrieben werden. Die Kinder führen am besten einen Ordner, in dem sie ihre Lernstandsdiagnoseblätter über ein oder mehrere Schuljahre hinweg sammeln.

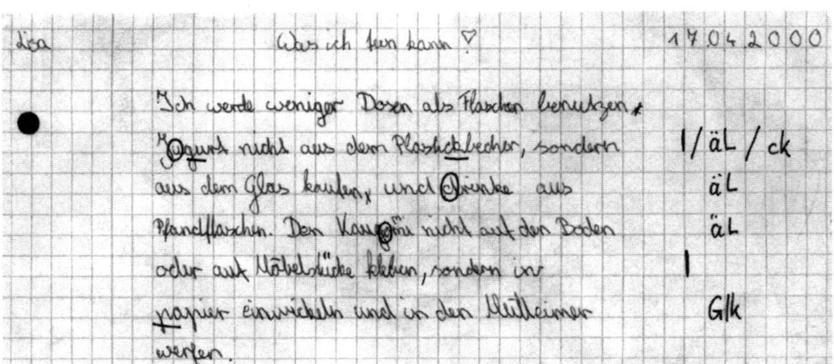

MEINE LERNWÖRTER | **MEINE FEHLER**

	Substantive (mit Artikel)	**Verben** (Personalform aus dem Text)	**Adjektive**	**Sonstige**	Groß/ Klein	Dehnung ie/h	Dehnung aa/ee/oo	Schärfung ll,mm,ss. ck, tz..	ähnl. Laute b/p, g/k, d /t ig/lich, ä/e	sonstige
1	der Joghurt								X	X
2	das Plastik							X		
3		ich drinke							X	
4	der Kaugummi								X	
5	das Möbelstück									X
6	das Papier				X					
7										
8										
9										
10										
11										
12										
MEINE FEHLERSCHWERPUNKTE:									ϟ	

piele für Wortmaterial zur Mini-Diagnose

a. Wörterdiktate (ungeübt/geübt)

b. Minitexte zu einem vorgegebenen Thema

Der Winter ist sehr kalt und auch gemein, — G/k
dah wenn genug Schnee da ist, dann kann — nn | ie
many richtig spilen und auch die Schneeballschlachten
sind nach dabei und daed macht richtig Schpaß. — äL | ß
Und wenn der Winter Verfligt, dan kommt — G/k, ie
die Sommerzeit. — nn

äL = ähnlicher Laut
Gk = Groß/Klein
ie = Dehnung
ß = S-Laut
nn = Schärfung

c. Reizwort-Sätze

Schreibe fünf Sätze auf. Benutze dabei in jedem Satz eines der Wörter: Blume, Garten, Beet, Karotte, Gewächshaus.

Die Blumen blühen im Garten.
Ich grabe das Beet um.
Die Karotten schmecken gut.
Im Gewächshaus wachsen Tomaten.
Mein Garten gefällt mir.

d. Kurze Gegenstandsbeschreibungen

Beschreibe mit wenigen Sätzen einen Schulgegenstand.

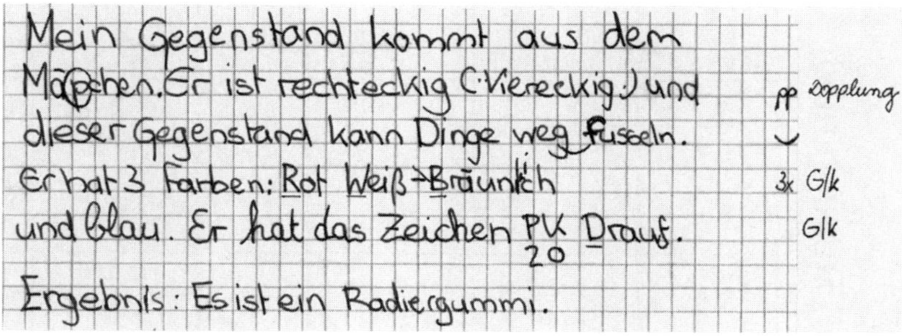

Mein Gegenstand kommt aus dem Mäpchen. Er ist rechteckig (Viereckig) und dieser Gegenstand kann Dinge weg fusseln. Er hat 3 farben: Rot Weiß Bräunlich und blau. Er hat das Zeichen PK 20 Drauf.

Ergebnis: Es ist ein Radiergummi.

pp Dopplung
3x G/k
G/k

e. Einfache Wortsammlungen

Schreibe zwölf Wörter zum Thema „Sommer“ auf. Achte auf die Groß- und Kleinschreibung.

Diagnosebogen für Schüler

Der Aufbau der Diagnoseblätter muss einfach und übersichtlich sein, um ein unkompliziertes und selbstständiges Ausfüllen zu ermöglichen. Deshalb haben wir die Fehlerkategorien bei unserer Vorlage eingegrenzt und in sechs Bereiche gegliedert (siehe S. 82).

Anfangs empfiehlt es sich, die Schüler nur die linke Seite des Blattes (Lernwörter) alleine ausfüllen und die Fehler im Wort markieren zu lassen und beim Ankreuzen der Fehlerart zu helfen. Später kann auch nur die rechte Seite ausgefüllt werden, indem dort die Lernwörter selbst eingetragen werden. Dazu muss die Vorlage dann vergrößert werden.

MEINE LERNWÖRTER

MEINE FEHLER

	Substantive (mit Artikel)	**Verben** (Personalform aus dem Text)	**Adjektive**	**Sonstige**	Groß/ Klein	Dehnung ie/h	Dehnung aa/ee/oo	Schärfung ll,mm,ss. ck, tz..	ähnl. Laute b/p, g/k, d /t ig/lich, ä/e	sonstige
1										
2										
3										
4										
5										
6										
7										
8										
9										
10										
11										
12										
				MEINE FEHLERSCHWERPUNKTE:						

Beteiligung an der Unterrichtsgestaltung:
Erstellen von Unterrichtsmaterialien für die Mitschüler

Entwerfen die Schüler mit den Lernwörtern Rätsel und Arbeitsblätter, Lückentexte und Wortsuchspiele für ihre Mitschüler, lernen garantiert beide Seiten etwas dabei. Bevor die Aufgaben in den Unterricht integriert oder als Hausaufgabe gegeben werden, ist es ratsam, die Blätter noch einmal durchzusehen und wenn nötig verbessern zu lassen.

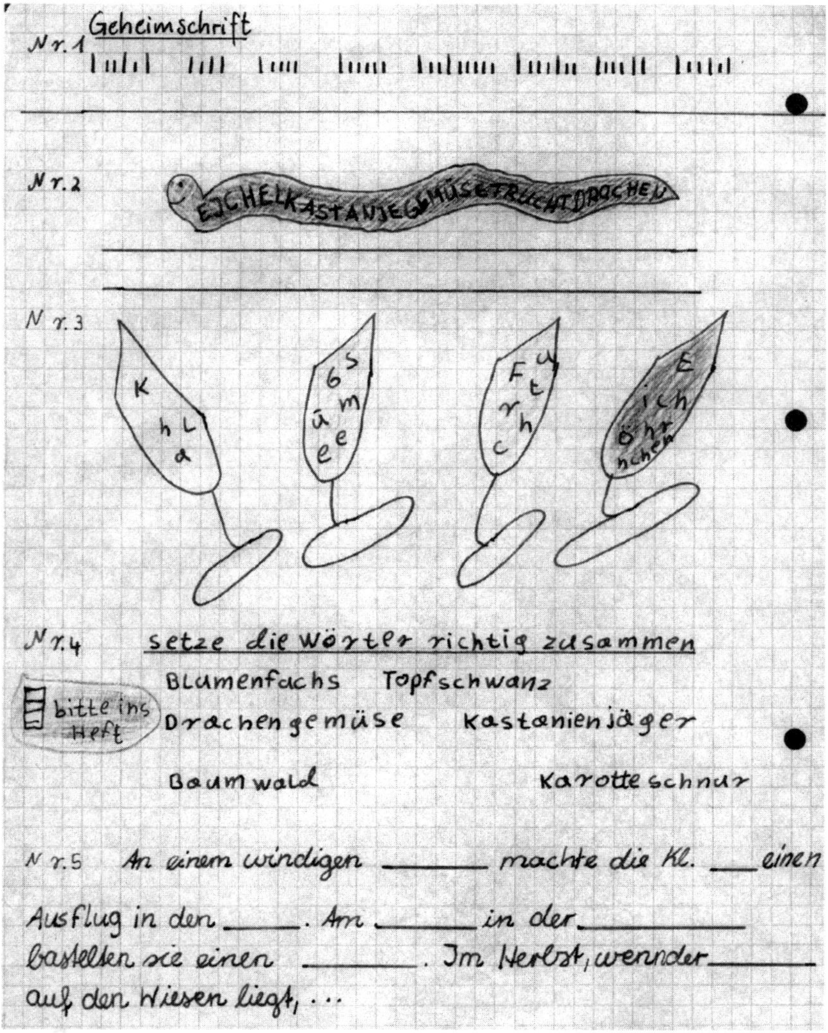

Diktate üben

Auch bei der Leistungsmessung gibt es Möglichkeiten, offener zu arbeiten und die Kinder einzubeziehen. So kann z. B. jedes Kind seinen eigenen Diktattext selbst entwerfen oder die Klasse entwickelt gemeinsam einen Text zu einem Thema. Dazu erarbeiten die Schüler einen thematischen Wortschatz. Dieser bildet das Ausgangsmaterial für eigene Diktattexte, die als Grundlage für eine benotete Nachschrift dienen. Vorgegeben werden Thema und Anzahl der Wörter, z. B. „Schreibe einen Text zum Thema ‚Herbst' mit möglichst genau 120 Wörtern".

Zu Beginn werden Wörter zum Thema gesammelt. Dies kann im Plenum erfolgen (Mind-Map), in geübten Klassen auch in Gruppen-, Partner- oder Einzelarbeit. In höheren Klassen können auch Sachtexte mitgebracht, vorgestellt und auf wichtige Worte hin untersucht werden.

Die zusammengetragenen Wörter werden geordnet, mit Hilfe des Wörterbuchs überprüft, richtig notiert und eventuell weiter eingegrenzt. In der Übungsphase lernen die Kinder gemeinsame und individuelle Lernwörter auf vielfältige Weise.

Diese Wörter verwenden sie dann für freie Texte. Dabei macht es den Kindern Spaß, möglichst genau an die vorgegebene Wörterzahl heranzukommen. Die Texte werden mit Hilfe von Wörterbüchern und in Schreibkonferenzen überarbeitet. Zur Sicherheit sollte auch der Lehrer zum Abschluss noch einmal korrigieren.

Die Texte können nun der ganzen Klasse diktiert oder individuell als Partner-, Dosen-, Lernschieber-, Kassetten- oder Laufdiktat verwendet werden. Eine andere Möglichkeit besteht darin, aus allen Texten einen maßgeschneiderten gemeinsamen Text zusammenzustellen. Besonders gut kommt dabei ein „Einzelsatz"- Diktat an, wofür aus jedem Schülertext ein Satz ausgewählt wird. Motivierend ist, wenn ergänzt wird, wer welchen Satz geschrieben hat.

Für fortgeschrittene Klassen, die sicher mit Wörterbüchern umgehen können, kann als Hilfestellung zur Diktatvorbereitung auch lediglich das Thema genannt werden, die Lernwörter sind dann selbst zu suchen, zu kontrollieren und zu lernen.

Ein Tag im Garten

Übungssätze zur Diktatvorbereitung

Terry: Natürlich ist das auch Arbeit, denn man muss sie düngen, gießen, besonnen und ernten. Unter dem Sonnenschirm kann man die saftigen Erdbeeren genießen, dazu auch noch die erfrischenden Äpfel und die duftende Wiese.

Gamze: Mit Hilfe der Pflanzschnur lassen sich die Gemüsepflanzen in gerade Reihen setzen.

Dominik: Der Gärtner hat Zwiebeln und Karotten in eine Reihe gepflanzt.

Manuel: Hinter dem Haus war ein kleines Gebüsch und ein großer Baum. Dort waren viele Insekten. Die Wiese war gepflegt und schön grün.

Partnerdiktate oder Diktate über den Kassettenrekorder entlasten viele Kinder, die normalerweise durch Versagensängste oder Zeitdruck beeinträchtig sind. Sie können sich mehr Zeit lassen, um Wörter zu silbieren und abzuleiten, und erreichen häufig bessere Leistungen. Aber auch bei herkömmlichen Diktaten kann differenziert werden. Sehr schwache Schüler bekommen einen Lückentext oder sogar die Möglichkeit zur Abschrift (in manchem Lehrplan ist nur von einer „Nachschrift" die Rede ...). Die Notenskala muss dann entsprechend verschoben werden (z. B.: 0 Fehler gleich Note 3,5 oder 4).

Man kann auch die Arbeitstechnik „Nachschlagen" in die Bewertung mit einbeziehen. Dazu werden Wörterbücher als Hilfsmittel ausgegeben (begrenzte Zeit oder Wortzahl). Dies führt häufig zu kleinen Erfolgserlebnissen, die stärker motivieren als ein aussichtslos langes Diktat. Bei besseren Schülern führt die Wahl zwischen „abschreiben" oder „diktieren lassen" dazu, sich selbst einschätzen zu müssen – es lohnt sich nicht nur in schwachen Klassen, dieses Verfahren einmal auszuprobieren.

Auf den folgenden Seiten finden Sie einen Diktattext einmal zum Diktieren oder Abschreiben und einmal als Lückentext.

Solche Texte stehen bei uns immer im Zusammenhang mit Themen aus anderen Fächern und ergänzen den Biologie-, Erdkunde- oder Geschichtsunterricht sowie Projekte der Fächerverbünde. Auf diese Weise wird der Wortschatz sinnvoll eingebunden, regelmäßig geübt und in anderen Zusammenhängen wiederholt.

Diktattext

Heute kannst du auswählen:

1. Du schreibst das **Diktat ganz mit**, dann kannst du bestenfalls eine 1 bekommen.
2. Du schreibst das **Diktat als Lückentext**, dann kannst du bestenfalls eine 3 bekommen.
3. Du schreibst den **Diktattext fehlerfrei** ab und kannst noch eine 4 bekommen.

Text zum Abschreiben oder Diktieren:

Ein tropisches Paradies

Regenwälder wachsen auf unserer Erde rund um den Äquator. Hier ist es das ganze Jahr hindurch feucht und heiß.
Der dichte Dschungel Südamerikas ist das Zuhause vieler exotischer Tiere und Pflanzen. Überall hängen dicke Lianen von den großen Urwaldbäumen herab.
Da nur wenig Sonnenlicht bis auf den Boden fällt, ist es im Erdgeschoss dämmrig. Viele Pflanzen, wie die Bromelien, müssen daher kämpfen, um ans Licht zu gelangen. Sie wachsen auf den Ästen anderer Bäume.

Über den riesigen Überständern flattern bunte Schmetterlinge. Bewegungslos schläft ein Faultier kopfüber in einer Baumkrone. Ein Jaguar taucht aus dem grünen Blättermeer auf und sucht auf einer Lichtung sein Futter.
Doch viele Menschen zerstören den immergrünen Regenwald, der für das Klima der Welt so wichtig ist. Jährlich werden Urwaldbäume gefällt und Hunderte von Tieren verbotenerweise ins Ausland geschmuggelt.

Wörter: 135

Wortvorgabe: Paradies

Lückendiktat

Ein ______________________ Paradies

Regenwälder ______________ auf unserer Erde rund um den ______________.

Hier ist es das ganze Jahr hindurch ______________ und ______________.

Der ______________ ______________ Südamerikas ist

das ______________ vieler ______________ Tiere

und Pflanzen. Überall hängen ______________ ______________

von den großen Urwaldbäumen herab. Da nur wenig ______________

bis auf den Boden fällt, ist es im ______________

______________.

Viele ______________, wie die Bromelien,

müssen daher ______________, um ans Licht zu gelangen.

Sie wachsen auf den ______________ anderer Bäume.

Über den ______________ Überständern ______________ bunte

______________. ______________ schläft ein Faultier

______________ in einer ______________. Ein Jaguar

______________ aus dem grünen ______________ auf und

sucht auf einer Lichtung sein ______________.

Doch viele Menschen ______________ den ______________

Regenwald, der für das ______________ der Welt so wichtig

ist. ______________ werden Urwaldbäume gefällt

und ______________ von Tieren

______________ ins Ausland geschmuggelt.

Verschiedene Diktatformen

Kassettendiktat: Vorteil: Das Tempo kann angepasst werden (zurückspulen), Pausen sind möglich.

Partnerdiktat:
Die Schüler diktieren sich gegenseitig Wörter, Sätze oder kurze Texte und versuchen gemeinsam Fehler zu vermeiden.

Dosendiktat: Textstreifen werden gelesen, gespeichert, in die Dose gesteckt und auswendig aufgeschrieben. Gut: Kinder schneiden einen Text selbst in individuelle Abschnitte.

Eigendiktat:
Kinder schreiben in einer vorgegebenen Zeit alle Wörter zu einem Thema auf, die sie zu beherrschen glauben.

Blitzdiktat:
Lernwörter am Overheadprojektor kurz aufleuchten lassen (ein/zwei Sek.), danach notieren lassen.

Stichwortdiktat:
Die Kinder schreiben aus einem vollständigen Text nur Stichworte auf, machen daraus wieder eine eigene Geschichte.

Laufdiktat:
Der Schüler läuft zu einem Ort in der Klasse, liest dort den Text, merkt sich einen Abschnitt und schreibt ihn, zurück an seinem Platz, auf. Der Text kann auch zerschnitten und an mehreren Stellen verteilt aufgehängt werden (Sätze dazu nummerieren).

Lernschieber-Diktat:
Das Besondere: In einem Fenster des Lernschiebers erscheint ein Textausschnitt, der nach dem Lesen nach oben geschoben und versteckt wird; in die Lücke wird nun auswendig der Text geschrieben. Das erleichtert die Selbstkontrolle, da beide Texte direkt untereinander stehen.

Kim-Diktat:
Ungefähr zehn Lernwörter eine Minute lang zeigen, danach auswendig aufschreiben lassen.

Bastelanleitung für einen Lernschieber

Du brauchst:

festen Fotokarton

Klebstoff

Schere oder Papiermesser

buntes Klebe- oder Isolierband

Bleistift und Lineal

Namensschild

Tacker mit Heftklammern

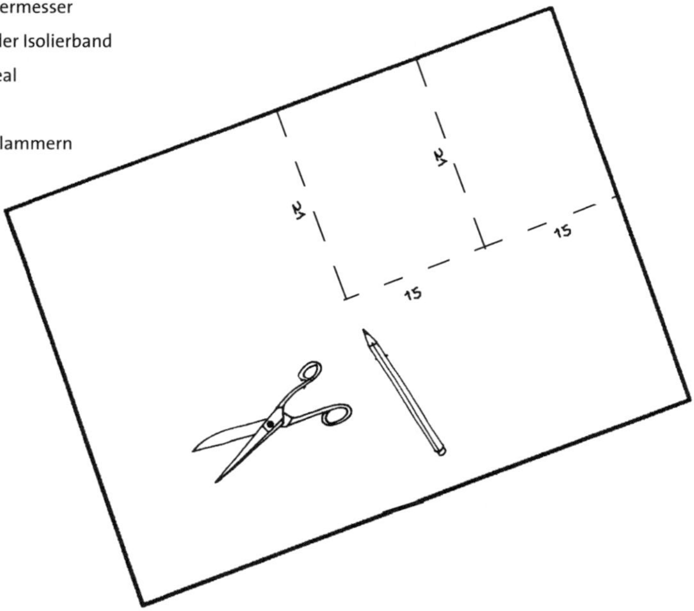

Nimm festen Fotokarton in einer Farbe deiner Wahl und zeichne mit Bleistift und Lineal zwei gleich große Rechtecke im Format 15 x 21 cm auf.

Schneide beide Rechtecke mit einer Schere oder einem Papiermesser aus.

Zeichne mit Bleistift in das obere Drittel eines Rechtecks ein Sichtfenster (quer) im Format 15 x 12 cm.

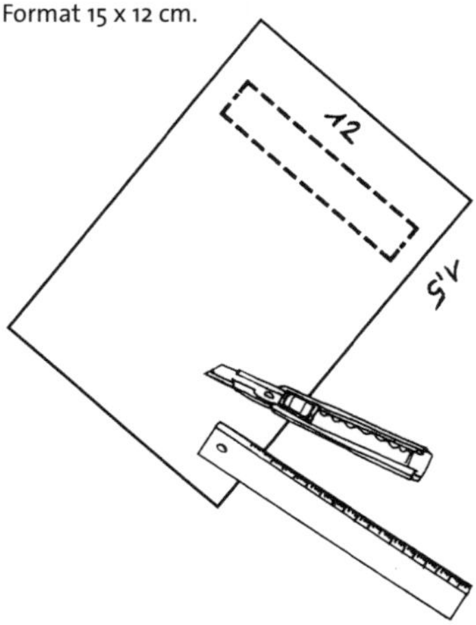

Schneide das Sichtfenster vorsichtig mit dem Papiermesser aus.

Lege nun beide Rechtecke deckungsgleich aufeinander und hefte sie mit einem Tacker entlang der beiden äußeren Längsseiten fest zusammen. Die obere und die untere Kante dürfen nicht zusammen getackert werden.

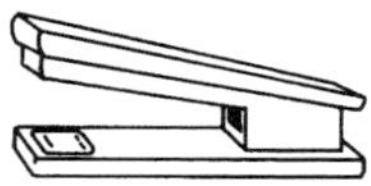

Wenn du möchtest, kannst du zur Verzierung noch buntes Klebeband über die Außenkanten kleben und die Heftklammern damit abdecken.

Zum Schluss kannst du noch ein Namensschild auf die Vorderseite kleben.

Viel Spaß beim Lernen!

Diese Lernschieber-Bauanleitung kann auch zum Lesetraining oder als Einführung in eine Vorgangsbeschreibung eingesetzt werden.

Lernwörterlisten für den Lernschieber herstellen

Auf einem DIN-A4-Blatt werden im Hochformat zwei Spalten mit Lernwörtern notiert. Der Abstand von Lernwort zu Lernwort muss dabei so groß sein, dass die Schüler die Möglichkeit haben, das Wort darunter selbst aufzuschreiben. Außerdem ist zu beachten, dass die Schriftgröße so gewählt wird, dass das vorgegebene Wort beim Verschieben hinter dem Pappstreifen ganz verschwindet. Dieses Blatt wird nun längs halbiert und kann so im Lernschieber nacheinander auf beiden Seiten bearbeitet werden.

Tipp:

- Lernwörterlisten am Computer tippen
- Tabelle mit zwei Spalten und einer Zeile einfügen
- Wörter in Schriftgröße 16 tippen, jeweils eine Leerzeile lassen
- Den 1,5-fachen Zeilenabstand wählen
- So passen 12 bis 13 Lernwörter in jede Spalte.

Sollen zusätzliche Aufgabenstellungen wie z. B. Silbenbögen oder das Markieren schwieriger Stellen bearbeitet werden, ist es sinnvoll, den Zeilenabstand entsprechend zu vergrößern.

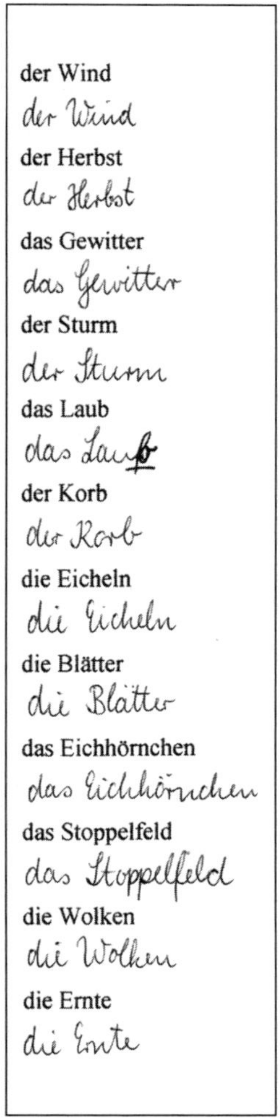

Sinnvolle Individualisierung der Fehlerkorrektur

Auch bei der Korrektur kann die Lehrkraft differenziert vorgehen: Die meisten Lehrer streichen den falschen Buchstaben oder das Wort durch und schreiben das richtige Wort darüber. Eine weitere Möglichkeit ist, das Wort zu überkleben oder mit weißem Marker verschwinden zu lassen. Die Verbesserung kann so direkt im Text gemacht werden. Bei vielen Kindern reicht es aus, die Fehlerstelle zu markieren (der richtige Buchstabe muss selbst gefunden werden) oder sogar das ganze Wort zu unterstreichen (hier muss der Fehler gefunden werden). Bei guten Rechtschreibern mit wenig Fehlern kann ein Strich am Rand zeigen: In dieser Zeile steckt irgendwo ein Fehler. Finde ihn selbst.

Hat ein Schüler nur ein bis zwei Fehler im ganzen Text, kann dies am Ende des Diktats (ohne Markierung im Text oder Rand) stehen und zum Suchen auffordern. Wichtig ist es, kleine Erfolge wahrzunehmen und zu benennen. Man schreibt zum Beispiel nicht die Note 6 unter die Arbeit, sondern meldet zurück: Von 120 Wörtern hast du 81 richtig geschrieben.

Überhaupt nehmen Schüler persönliche Bemerkungen vom Lehrer unter einer Arbeit meist positiv auf. Dies macht aber nur Sinn, wenn der Lehrer auch etwas Ermutigendes schreiben kann (Stärken benennen, Fortschritte hervorheben, einen Fehlerschwerpunkt benennen und konstruktive Kritik mit konkreten Hilfestellungen geben. Auf keinen Fall „Aber-Sätze“, die das Lob wieder zunichte machen).

Sinnvolle Individualisierung der Fehlerkorrektur nach Anzahl der Fehler

schwacher Rechtschreiber

falsches Wort durchstreichen, das richtige darüber schreiben	drehte er ~~drete~~ sich um
richtigen Buchstaben einfügen, falsche wegstreichen	h er drete sich um
falsches Wort überkleben/mit Tipp-Ex löschen	er [ ] sich um
Fehlerstelle im Wort markieren/unterstreichen	er dr<u>ete</u> sich um

Fehlerwort unterstreichen	er drete sich um
Zeile, in der sich ein Fehler befindet, am Rand mit einem Strich kennzeichnen	er drete sich um | 1
Fehlerzahl am Ende der Nachschrift angeben (keine Markierung am Rand/ innerhalb des Textes)	… nun war es soweit: er drete sich um und lief schnell davon. | 1 F.

sehr guter Recht-schreiber

Diktate verbessern – schwierige Wörter nochmals üben

Zur Verbesserung von Rechtschreibleistungen ist es ungeeignet, ganze Diktate oder Aufsätze noch einmal schreiben zu lassen. Schlechte Rechtschreiber bauen garantiert neue Fehler ein. Vielmehr werden wichtige Lernwörter ausgewählt und mit Hilfe unten genannter Übungen trainiert.

Anstelle der verhassten und oft wenig sinnvollen Praxis, ein Diktat zu verbessern, indem Fehlerwörter isoliert geschrieben oder gar der ganze Text nochmals abgeschrieben werden muss, bevorzugen wir eine Diktatverbesserung, die auch Spaß machen kann. Zugleich werden hierbei sinnvolle und unterschiedliche Übungsformen wiederholt und trainiert. Der spielerische Charakter steigert die Motivation und das Durchhaltevermögen. Außerdem müssen Kinder, die viele Rechtschreibfehler haben, nicht wesentlich mehr arbeiten als bessere Rechtschreiber. Ganz nach dem Motto „Weniger ist manchmal mehr" soll die Lust am Rechtschreiben erhalten bleiben und die Diktatverbesserung neben der schlechten Note nicht zusätzlich frustrieren. Selbstverständlich lässt sich diese Art des Trainings in etwas veränderter Form auch zur Übung neuer Lernwörter einsetzen. Die aufgeführten Punkte sollen Anregungen sein, mit Fehlerwörtern eines Textes bzw. Merkwörtern umzugehen.

Immer diese Diktatverbesserungen

Jeder hat zwei Würfel. Entscheide dich, ob du mit einem oder mit zwei Würfeln würfeln willst. Löse die Aufgabe, die du dir gewürfelt hast, in Schönschrift im Heft.

1. Suche dir **drei Fehlerwörter** aus und schreibe sie fünfmal auf (Namenwörter mit Begleiter, Adjektive gesteigert, Verben in der ich/wir-Form).
2. Suche dir **drei Sätze aus,** in denen du Fehler hast. Schreibe sie fehlerfrei in dein Heft.
3. Schreibe **13 Substantive mit Begleiter** heraus. (Fehlerwörter)
4. Suche **10 Verben** im Text und schreibe sie heraus. (Fehlerwörter)
5. Suche **acht Adjektive** heraus und schreibe sie fehlerfrei auf. (Fehlerwörter)
6. Suche **alle Wörter mit doppeltem Mitlaut (ss, mm, tt, ll ...)** und schreibe sie heraus.
7. Suche **alle Wörter heraus, die ein h** enthalten. Schreibe auf und markiere das h bunt.
8. Ordne **20 Wörter** aus dem Diktat nach dem **Alphabet**.
9. Suche **10 Wörter** aus dem Diktat und finde ein **Reimwort** dazu *(z. B. Stein – fein)*.
10. Bilde eine **Wortfamilie mit drei Wörtern** aus dem Diktat *(z. B. Steinbruch, steinig, Grenzstein)*.
11. Baue eine **Worttreppe mit zwei zusammengesetzten Namenwörtern** *(z. B. Felsstück – Stückzahl – Zahltag)*.
12. Suche **alle Wörter mit ck** aus dem Text heraus. Finde noch fünf eigene Wörter mit ck. Verwende dazu ein Wörterbuch.

So viel musst du machen:

Bis fünf Fehler entsprechend der Fehlerzahl würfeln, bei fünf bis zehn Fehlern sechsmal würfeln, über zehn Fehler siebenmal würfeln.

Das Lernen lernen: Vielfältige Lern- und Arbeitstechniken kennen lernen

Für den selbstständigen Umgang mit den individuellen Wörterlisten, die ständig aktualisiert und erweitert werden, müssen den Kindern Arbeits- und Lerntechniken an die Hand gegeben werden. Hierzu bietet es sich an, das Lernverhalten der Schüler zu beobachten und eventuell mit Hilfe von spielerischen Lerntypentests abzuklären, welche Lerntipps und -methoden für welchen Schüler hilfreich sein können.

Auch hier ist es sinnvoll, die Kinder selbst mit einzubeziehen. Sie merken schnell, welche Methode sie gerne benutzen, wogegen sie eine Abneigung haben oder was ihnen besonders schwer fällt. Wenn ihnen eine Vielzahl an Übungsformen vorgestellt wird, erkennen sie durch Ausprobieren bald ihre eigenen Favoriten. Dabei gilt: Je vielseitiger die Übungsformen, desto motivierender ist der Rechtschreibunterricht für alle Kinder und desto wahrscheinlicher entdeckt das einzelne Kind eine Methode, die ihm zusagt und hilft.

Eine grundlegende Arbeitstechnik, die im Unterricht immer begleitende Selbstverständlichkeit sein sollte, ist die Arbeit mit dem Wörterbuch. Damit das Nachschlagen für die Schüler eine wirkliche Hilfe wird, muss es gründlich eingeführt und geübt werden. Hierzu eignet sich beispielsweise das Lernen an Stationen, das verschiedene Nachschlagewerke einbezieht (Wörterbücher, Lexika, Atlanten, Telefonbücher, Kataloge …).

Bei unseren folgenden Übungsformen beziehen wir uns auf Christine Mann und Bettina Rinderle, d. h. die FRESCH-Methode (Freiburger Rechtschreibschule), mit der wir positive Erfahrungen gemacht haben und die in guten Sprachbüchern auf ähnliche Weise überzeugend umgesetzt wird.

Einteilung des Schreibwortschatzes nach Christine Mann

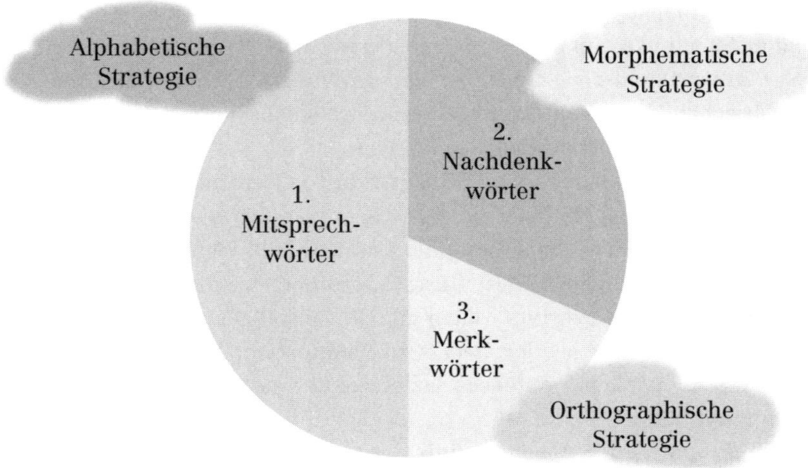

Christine Mann teilt den deutschen Schreibwortschatz in drei Gruppen auf:

Wörter zum Mitsprechen ca. 50 %	**Wörter zum Nachdenken** ca. 30 %	**Wörter zum Merken** ca. 20 %
Alphabetische Strategie: lautgetreues Sprechen, rhythmisches Sprechschreiben	Morphematische Strategie: kognitiver Zusatz, ableiten, verlängern, „Zauberwörter“ benützen	Orthographische Strategie: Einprägen nicht lautgetreuer Stellen, Regeln, Ausnahmen, Eselsbrücken
	Auslautverhärtung (d/t, g/k, b/p), Konsonantenverdopplung, Vokalverschiebung (a – ä, au – äu)	Häufige kleine Wörter, V-Wörter, Dehnungs-h, -ih, -ie, -aa/-ee/-oo, -chs, -ai, -ß/-s

Die Mitsprechwörter machen etwa 50 % des Wortschatzes aus, sodass deren Rechtschreibung durch das Beherrschen des Sprechschreibens (alphabetische Strategie) gesichert ist. Durch rhythmisches Verlängern und Ableiten (morphematische Strategie) kann die richtige Schreibung eines weiteren großen Teils des Wortschatzes hergeleitet werden. Übrig bleiben die Lernwörter, deren Schreibung durch kognitive Zusätze (Eselsbrücken, Regeln) gelernt werden muss (orthographische Strategie).

Berücksichtigt man diese Einteilung des deutschen Wortschatzes im Unterricht, ergibt sich die Notwendigkeit, zuerst das lautgetreue Schreiben in den Vordergrund zu stellen und zu trainieren.

Das Auswendiglernen von Rechtschreibregeln und der Versuch, die Anwendung dieser Regeln zu trainieren, erweist sich meist als ineffektive Methode, um schwächeren Rechtschreibern zu helfen, sie führt häufig zu falschen Anwendungen und zu Übergeneralisierungen. Sinnvoller ist es nach FRESCH, diesen Kindern *Gedankenschritte aufzuzeigen, mit deren Hilfe sie die meisten Schreibungen aus der mündlichen Sprache ableiten können.*

Grundlage ist deshalb das Erlernen einer Strategie zur lautgetreuen Schreibung (Silben sprechen, Pilotsprache) und dann davon ausgehend allmählich übergeordnete Strategien einzuüben (Verlängern, Ableiten, Aussagen zu nicht lautgetreuen Stellen formulieren). Das so genannte Sprechschreiben koordiniert Sprache und Bewegung, reguliert und übt die Sprechartikulation, die Schreib-Lese-Richtung und die Synchronisierung im Fluss der Sprech- und Schreibmotorik. Zusätzlich müssen Lerntechniken und Merkstrategien eingeführt werden. Das Formulieren von Merksätzen hilft den Kindern, sich nicht lautgetreue Stellen einzuprägen (kognitiver Zusatz).

Elementartraining

Das rhythmisch-melodische Sprechen steuert die zeitgleich ablaufende Lese- oder Schreibbewegung. Dabei regulieren sich die motorischen und sensorischen Funktionen wechselseitig und können eventuell vorhandene Schwächen bei Einzelfunktionen (visuelle Wahrnehmung, auditive Wahrnehmung, Artikulation, ganzkörperliche und schreibmotorische Bewegung) ausgleichen. Vom rhythmisch-melodischen Sprechschwingen führt die Methode weiter zum synchronen Sprechschreiben durch Selbststeuerung: Beim Schreiben werden die Silben mitgesprochen und in Silbeneinheiten aufgeschrieben, nach jeder Silbe wird pausiert/abgesetzt, die i-Punkte und t-Striche werden nach jeder Silbe sofort gesetzt. Besonderheiten beim Sprechschwingen, auf die aufmerksam gemacht werden muss, sind: Doppelkonsonanten, tz, ck, pf, ng, nk.

Rhythmisch-melodisches Sprechschwingen

Das Elementartraining übt und reguliert dreierlei:

- die Schreib-Lese-Richtung
- die Sprechartikulation
- die Synchronisierung im Fluss der Sprech- und Schreibmotorik

Beispiele zum lautgetreuen Schreiben

Diese Übungen, die bisher vor allem in den Grundschulen praktiziert werden, haben auch in der Sekundarstufe ihren Sinn: Schwachen Rechtschreibern helfen sie beim Aufschreiben lautgetreuer Wörter, das Aufschreiben erfolgt bewusster und konzentrierter.

- Silben mit dem ganzen Körper schwingen: seitwärts in Schreibrichtung in Seit-Stepp-Schritten schreitend, die Schreibhand vollführt einen tiefen Girlandenbogen

- Silben mit der Hand schwingen: Am Tisch sitzend vollführt die Schreibhand einen kleineren Girlandenbogen
- Bälle silbenweise hin- und herrollen
- Einen Ball beim Silbensprechen zuwerfen
- Mit Tüchern die Silben schwingen
- Beim Schreiben mitsprechen, vorher mit dem Finger schwingen
- Silbenbögen zeichnen
- Rhythmisch in Silben lesen
- Indianerwörter lesen (Unsinnswörter)
- Mit geschlossenen Augen silbieren
- Synchron schreiben: in Sand, in die Luft, an die Tafel …
- Im Kreis gemeinsam mit den Armen schwingen
- Silben in abwechselnden Farben aufschreiben
- Wörter nach der Silbenzahl (zu)ordnen
- **Silben hüpfen:** Aufstellung wie bei „Fischer, welche Fahne weht heute?". Ein Kind fragt: „Peter, wie weit darf ich reisen?" Peter gibt die Antwort: „Bis zum …" und setzt ein mehrsilbiges Wort ein. Das erste Kind hüpft nun bei gleichzeitigem Silbieren entsprechend der Silbenanzahl vorwärts. Wer kommt zuerst bei Peter an?
- **Silben-Brettspiel:** Anstatt zu würfeln werden Wortkärtchen gezogen; entsprechend ihrer Silbenanzahl darf vorwärts gegangen werden. Besonders beliebt: eigene Wortkarten schreiben lassen und verwenden.
- **Silben-Bingo spielen:** Von vorgegebenen Wörtern mit mindestens drei Silben werden 16 Silben in das Bingofeld eingetragen. Der Spielleiter nennt einzelne Silben aus diesen Wörtern. Wer zuerst vier Felder, die eine Reihe bilden, durchstreichen konnte, hat gewonnen.

Ta	sit	ball	Ho
spie	la	schen	len
tich	lam	sen	Fuß
den	pe	ler	Wel

Strategietraining

a. Rhythmisches Verlängern

Die Strategie des rhythmischen Verlängerns oder Weiterschwingens hilft, Wörter richtig zu schreiben, deren Schreibweise am Wort- oder Wortstammende nicht eindeutig lautgetreu ist. Das betrifft die *Auslautverhärtung* und die *Konsonantenverdopplung* und ein *stummes H* in Verben.

Ein Kind kann spontan verlängern (ohne kognitive Regelanwendung) oder einen einfachen Trick anwenden, nämlich: vor das entsprechende Wort eines der „Zauberwörter" (vgl. Rinderle 2001) *alle oder viel* zu setzen. So wird der Plural von Substantiven gebildet, werden Adjektive gesteigert und Verben konjugiert, sodass ein Erkennen der Laute beim Weiterschwingen und damit das Ableiten der richtigen Schreibweise möglich werden.

aus *er schreibt* (b oder p?)	wird so: *alle schrei-ben*
aus *Fass* (s oder ss?)	wird so: *alle Fäs-ser*
aus *hell* (l oder ll?)	wird so: *viel hel-ler*
aus *er geht*	wird so: *alle ge-hen*

Hilfreich ist es, die Tricks beim Ausführen in Sprache zu fassen („Kommt von …" oder „Ich höre …") und durch Symbole (Bögen und Verlängerungspfeile) kenntlich zu machen.

b. Ableiten

Das Ableiten hilft, bei *Lautähnlichkeit* (e/ä) und bei *Lautgleichheit* (eu/äu) die richtige Schreibweise zu erschließen. Bei einzelnen Verben mit einer *Vokalverschiebung im Präteritum* hilft das Weiterschwingen nicht, das Ableiten des Infinitivs (oder das Davorsetzen des Zauberworts *alle*: „er rannte – alle ren-nen, also schreibe ich -nn") zeigt die richtige Schreibung.

die Bäume	kommt von Baum	also mit äu
der Läufer	kommt von laufen	also mit äu
konnte	kommt von können	also mit nn

Wichtig ist es, diese Strategien gründlich zu trainieren: Dabei muss die Sprech-Schreib-Pause im Wort genutzt werden, um das Weiterschwingen sprechend zu vollziehen oder die Ableitung auszuformulieren und dann erst den Schreibprozess zu beenden. Beim Ausführen sollten die Gedanken also in Sprache gefasst werden:

- „Kommt von …"
- „Ich höre …"
- „Wir schwingen weiter, also …"

Merkworttraining / Lernwörter

Wörter, deren Schreibweise weder durch rhythmisch-melodisches Sprechschreiben noch durch Weiterschwingen oder Ableiten zu erschließen ist, bleiben als Merkwörter übrig.

a. Wortlistentraining

Die Lernwörter werden mehrfach auf verschiedene Arten aufgeschrieben oder durch Ableiten oder das Suchen von verwandten Wörtern geübt. Dabei wird zeilenweise vorgegangen: ein Wort von links nach rechts in alle Spalten schreiben, erst dann das nächste Wort üben.

Zur Kontrolle wird das Wort zum Schluss (oder nach einer gewissen Zeit) noch einmal auswendig notiert (die anderen Spalten zudecken oder auf die Rückseite schreiben).

Aufgaben für die verschiedenen Spalten einer Wörterliste:

- ein Wort in verschiedene Schriftarten schreiben (Schreibschrift, Druckschrift)
- ein Wort in ungewöhnlicher Größe schreiben: z. B. doppelt so groß
- ein Bild dazu malen, schwierige Buchstabenkombination hineinzeichnen
- schwierige Stelle im Wort markieren: einfärben, Klebepunkt drüber, schwierige Buchstaben doppelt so groß schreiben
- Silbenbögen unter das Wort setzen
- die Buchstaben oder Silben eines Wortes abwechselnd mit verschiedenen Farben schreiben
- die Spalte mit Tinte färben (Schwämmchen), das Wort mit Tintenkiller hineinschreiben
- das Wort in Geheimschrift aufschreiben: z. B. Umrisskästchen, Linienbilder
- bei Substantiven den Plural bilden, Adjektive steigern
- ein verwandtes Wort suchen
- ein Reimwort finden
- im Wörterbuch nachschlagen, die Seitenzahl und das Leitwort notieren

b. sonstige Übungen

- Wörter stempeln, aus Buchstabenkarten legen, aus Pfeifenputzern biegen
- mit Fingerfarbe an die Fenster schreiben, in Sand oder in die Luft schreiben
- mit einer Taschenlampe ein Wort ganz langsam an die Wand schreiben, die anderen raten
- die Lernwörter klein, aber übersichtlich und sauber auf einen Spickzettel schreiben (man schreibt dabei sehr konzentriert)
- alle schwierigen Wörter in einen einzigen (Unsinns-) Satz einbauen

Der Tannenbaum glitzert bläulich und spiegelt sich im Suppenlöffel, so dass es mir vor der Haustüre den Magen umdreht.

Mareike dreht den Knopf der Haustür um und hängt einen Suppenlöffel neben die bläuliche Christbaumkugel an den Tannenbaum.

- ein Bild malen und die schwierigen Wörter eintragen (siehe Beispiel rechts)

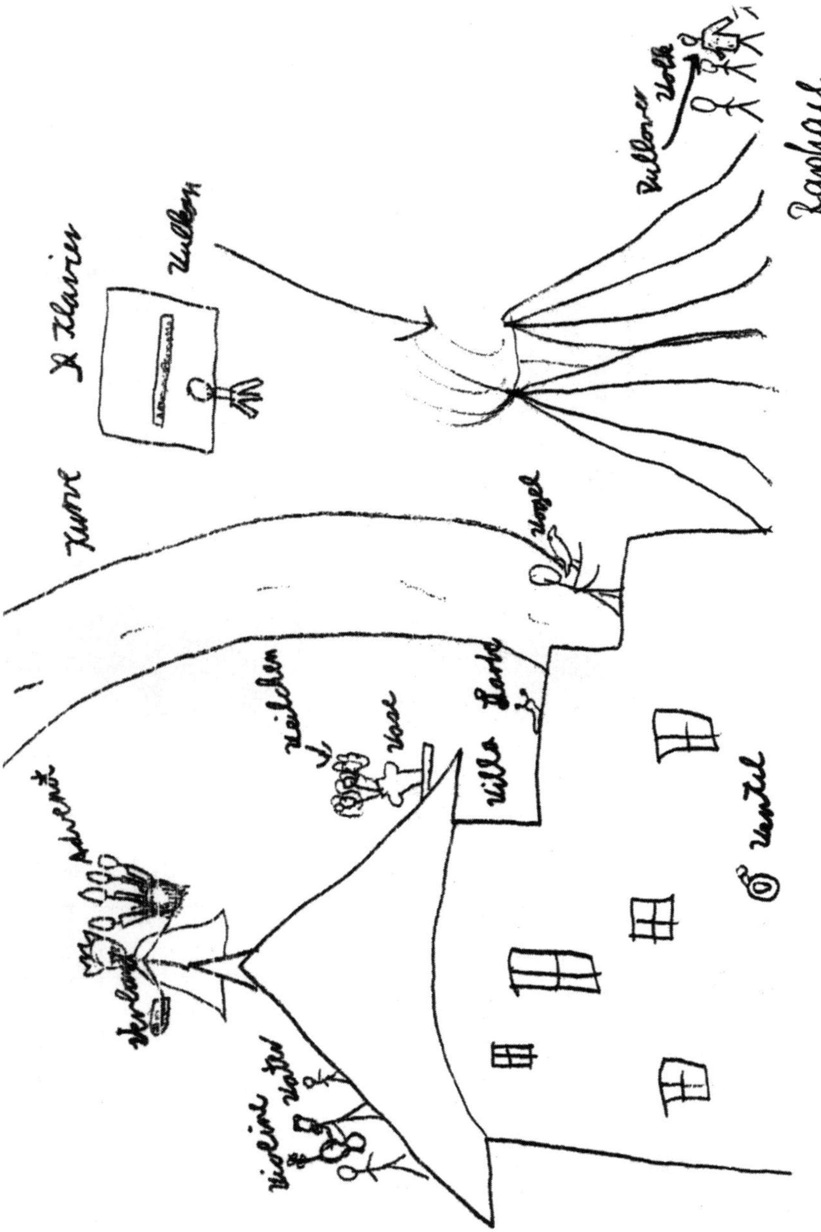

Schülerbeispiel zu Wörtern mit V

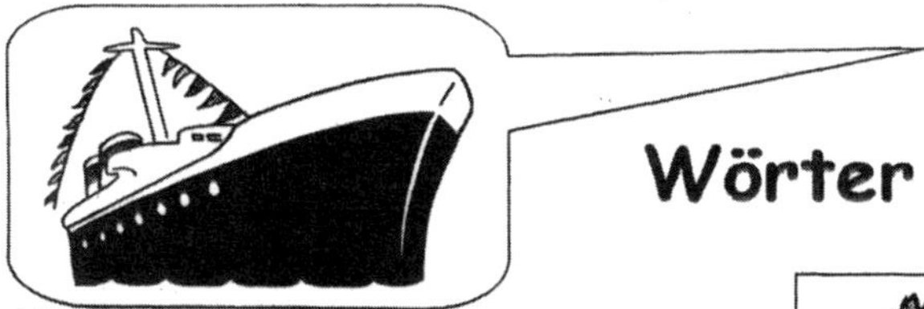

Wörter versenken

A: Mein Wörterversteck

Hier versteckst du 6 Lernwörter:

Kastanien bunt aufwärmen
orange kahl verfärben

	A	B	C	D	E	F	G	H	I	J	K
1											
2											
3											
4											
5											
6											
7											
8											
9											
10											
11											
12											

B: Das Versteck meines Partners

Hier suchst du dieselben Wörter. Frage deinen Partner ab (E5). Dann trägst du ein „X" (kein Treffer) oder den Buchstaben ein.

	A	B	C	D	E	F	G	H	I	J	K
1											
2											
3											
4											
5											
6											
7											
8											
9											
10											
11											
12											

- einen Hüpfkasten aufzeichnen, Buchstaben oder Silbenkärtchen auslegen, das Wort nachhüpfen
- Wörter alphabetisch ordnen, Wörter nach der Silben- oder Buchstabenzahl sortieren
- Wortsuchspiel („Buchstabensalat"), Arbeitsblätter oder Rätsel für die Mitschüler erstellen
- Memory spielen (Paare: Singular – Plural, Präsens – Präteritum, erste Silbe – zweite Silbe)
- **Silben fischen:** In einer Kiste befinden sich Wortsilbenkärtchen mit kleinen Magneten, sie werden mit einer magnetischen Angel gefischt, passende Kärtchen dürfen zusammen gelegt werden.
- **Wörter versenken:** Statt Schiffe werden Wörter (ein Buchstabe pro Kästchen) eingetragen und „versenkt" (siehe links).
- bei Verben die Vergangenheit bilden, Verben konjugieren
- Wortfamilien bilden
- bei Substantiven die Mehrzahl bilden, Adjektive steigern
- und vor allem: nachschlagen, nachschlagen, nachschlagen!

c. Klassische Übungen mit den Karteikärtchen

Anweisungen für die Arbeit mit dem Lernkarteikasten:

1. Es darf kein Fehler auf der Karte sein!
2. Schreibe auf jede Karte nur ein Wort.
3. Schreibe Substantive mit Artikel auf.
4. Schreibe die Wortart auf die Rückseite.
5. Mache mit jedem Wort die Grundübung:
   - das Wort genau ansehen
   - die Karteikarte umdrehen
   - das Wort auswendig aufschreiben
   - kontrollieren
   - richtig: Karte kommt ins nächste Fach
   - falsch: Karte ins letzte Fach zurückstecken

d. Beispiele für spielerische Übungen mit den Karteikärtchen

Memory: Zwei Sätze Lernkarteikärtchen werden als Memory-Karten benutzt (dazu darf die Rückseite nicht beschriftet sein).

Silbenhüpfen: Ein Kärtchen wird gezogen, das Wort (die Anzahl der Silben) wird gehüpft – wer erreicht zuerst die Ziellinie?

Ratespiel: Mehrere Wörter sind vorgegeben, ein Spieler wählt ein Wort aus und nennt ein Merkmal: z. B. „Es endet auf g" oder „Es hat nur eine Silbe", „Es hat den Artikel der" usw. Er nennt so lange weitere Merkmale, bis der Partner das Wort erraten hat.

Wörter-Kim: Zehn Kärtchen umdrehen, eine Minute lang anschauen, dann wieder verdecken und auswendig aufschreiben.

Lernwort-Bingo: Siehe Silben-Bingo, Seite 99.

Ordnungsspiel: Karteikärtchen nach verschiedenen Kriterien ordnen (als Wettbewerb auf Zeit) nach dem Alphabet, der Anzahl der Silben usw.

Substantiv / Verb / Adjektiv: Eine Tabelle aufzeichnen, dann wie „Stadt, Land, Fluss" spielen. Einen Buchstaben auslosen und die Tabelle mit Hilfe der Karteikärtchen füllen.

Gefüllte Lernwörter: Zwei Partner tauschen Karteikärtchen aus. Die Lernwörter des Partners werden nun in beliebiger Reihenfolge als „leeres Lernwort" aufgeschrieben: Nur der erste und letzte Buchstabe werden aufgeschrieben, die anderen sind durch Platzhalter (Striche) ersetzt. Dann werden die Blätter ausgetauscht und möglichst schnell ausgefüllt.

Silben-Brettspiel: Siehe Seite 99.

Hexenfußball: Bei richtigem Buchstabieren oder Schwingen darf auf einem Spielplan in Richtung des gegnerischen Tors gezogen werden. Jede dritte richtige Antwort ergibt also ein Tor; danach beginnt man wieder beim Start.

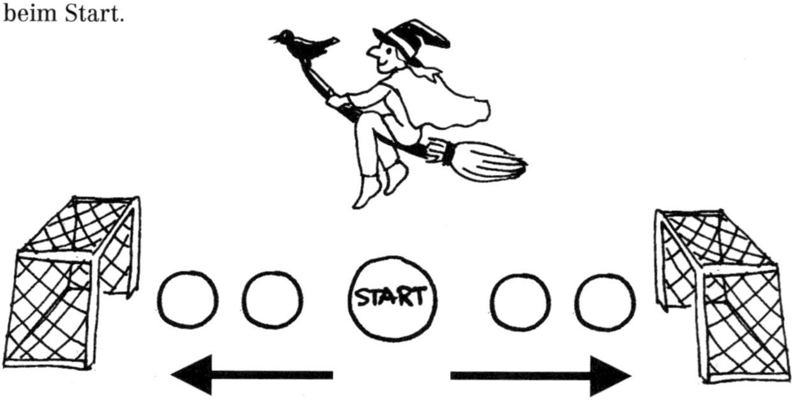

Glücksrad: In die Fächer werden die Karteikarten eingeordnet. Das Glücksrad entscheidet, welches Wort notiert/buchstabiert/geschwungen/geklatscht/nachgeschlagen … werden muss.
Eine große und eine kleinere Kreisscheibe werden mit Hilfe einer Musterklammer aufeinander befestigt. Die Scheibe wird nun in sechs gleich große Felder eingeteilt und mit den Augenzahlen eines Würfels versehen. Die Felder sollten z. B. mit einer Tackerklammer voneinander getrennt werden, sodass kleine Einschubtaschen entstehen.

Nachschlagen

Das bekannteste deutsche Nachschlagewerk für die deutsche Rechtschreibung ist wohl der *Duden*. Der Sprachforscher Konrad Duden veröffentlichte bereits vor über 120 Jahren zum ersten Mal sein „Orthographisches Wörterbuch der deutschen Sprache". Ausgehend von nur einem Buch umfasst die Dudenreihe mittlerweile viele unterschiedliche Werke wie den Schülerduden oder das Fremdwörterbuch und ein Exemplar ist in fast jedem Haushalt zu finden. Verstärkt nehmen in den letzten Jahren Nachschlagewerke auf CD-ROM zu, z. B. *Encarta*, und auch über das Internet bekommt man Informationen zu fast allen Themen.

Ganz gleich, ob Duden, Wörterbücher, Fremdwörterlexika, Grundwortschätze und etymologische Lexika, Telefonbücher, das Postleitzahlenbuch, Lexika der Allgemeinbildung, Enzyklopädien oder Atlanten, allesamt sind nach dem gleichen Schema – dem Alphabet – aufgebaut. Fundierte Kenntnisse und ein sicherer Umgang mit dem Alphabet sind die Grundvoraussetzungen, um rasch und zeitsparend nachschlagen zu können. Bereits in der Grundschule wird das Ordnen nach dem Alphabet geübt. Trotzdem darf man sich auf dieser Grundlage in der Sekundarstufe nicht ausruhen. Erst die ständige Übung und die Dringlichkeit, Informationen nachzuschlagen oder solche Medien zu gebrauchen, geben die ausreichende Sicherheit.

Folgende Lernziele werden mit dem Üben von Nachschlagetechniken verfolgt:

- Die Schülerinnen und Schüler wiederholen wichtige Fähig- und Fertigkeiten. Sind diese automatisiert, ist die Grundlage für ein selbstständiges Arbeiten in allen Fächern und im späteren Leben gelegt.
- Sie üben, alltägliche Problemsituationen ohne fremde Hilfe zu bewältigen. Sie erlangen mehr Selbstsicherheit, um sich in schwierigen Situationen selbstständig weiterhelfen zu können.
- Durch das Übertragen von eingeübten Techniken auf andere Zusammenhänge bzw. Situationen werden geistige Operationen, wie das Vergleichen, Transferieren oder Klassifizieren, gefördert.
- Durch einen handlungsorientierten Umgang mit Nachschlagewerken werden die Schülerinnen und Schüler für Schrift und Sprache sensibilisiert.

Da noch kein Meister vom Himmel gefallen ist, ist es ratsam, als dauerhafte Hilfe ein Plakat im Klassenzimmer aufzuhängen, auf welchem die wichtigsten Regeln im Umgang mit einem Nachschlagewerk festgehalten sind. Wahlweise kann auch eine Checkliste deutlich sichtbar und immer zugänglich im Mäppchen aufbewahrt oder in der Mitte eines Gruppen- oder Schülertisches befestigt werden.

Die folgenden Beispiele sollen nur eine Auswahl von Spielen und Aufgaben zum Einüben des Alphabets und zum Umgang mit dem Wörterbuch sein. Oft kommen Schülerinnen und Schüler auch auf eigene Ideen. Diese machen häufig besonders viel Spaß.

Checkliste: Wörterbuch

- Alle Nachschlagewerke sind nach dem ABC geordnet. (Das ABC muss darum im Kopf parat sein.)
- Verben finde ich in der Grundform.
- Substantive finde ich im Singular (Einzahl).
- Ä suche ich wie A, Ö wie O und Ü wie U.
- Bei gleichen Anfangsbuchstaben ergibt sich die Reihenfolge nach der Ordnung des zweiten oder dritten Buchstabens.

Übungen zum Alphabet

a. M-Raus

Dieses Spiel wird wie Elfer-Raus gespielt. Anstatt Zahlenkarten hat man jedoch Buchstabenkarten des gesamten Alphabets in vier Farben. Als Variante kann das Spiel auch als „A-Raus“ oder „Z-Raus“ gespielt werden, dann ist es einfacher.

- Jeder Spieler bekommt zehn Karten. Die restlichen Karten werden verdeckt auf einen Stapel gelegt.
- Wer ein M hat, legt dies offen in die Mitte.
- Der nächste Spieler muss nun an das M ein passendes N danach oder ein L davor in der gleichen Farbe anlegen. Er kann auch ein neues M auf dem Tisch ablegen und so eine neue Reihe eröffnen.
- Wer nicht legen kann, muss vom Stapel zwei Karten abheben.

b. Alphabet-Spiel

Dieses Spiel wird wie Schnipp-Schnapp gespielt, jedoch mit Wortkarten. Alle vorbereiteten Wortkarten werden gleichmäßig auf die Spieler verteilt. Jeder legt sich seinen Kartenstapel verdeckt vor sich hin. Alle drehen nun gleichzeitig die obere Karte um. Das Wort, das am weitesten hinten im Wörterbuch steht, hat gewonnen und der Spieler bekommt alle Wortkarten dieser Runde. Sieger ist, wer am Ende die meisten Karten hat.

c. Dichten wie James Krüss

Zunächst wird das Gedicht von James Krüss mit den Buchstaben in der Reihenfolge des Alphabets vervollständigt. Danach kann man ein eigenes Alphabet-Gedicht erfinden (Auguste bindet Charlie das ..., an Bennos Computer druckt ...).

__ls __auer __hristoff __üwels-__ck __ünf __ulden __atte

__m __ackett, __am __eider __it '__er __llen __istol

__uintilius __äuberrabenstätt, __tahl __aler __nd

__erschied'nes __eg __ __ __.

d. Geschwindigkeitsspiele mit der ganzen Klasse

Für dieses Spiel gibt es mehrere Varianten. Um den Wettkampfcharakter hervorzuheben, kann die Klasse in zwei oder mehrere gleich große Gruppen aufgeteilt werden. Gleichzeitig stellen sich die Gruppen nach einem vorher festgelegten Muster auf. Die jeweils andere Gruppe kontrolliert, ob die Reihenfolge stimmt.

Aufstellen nach:

- den Anfangsbuchstaben der Vornamen/der Nachnamen
- den Straßennamen
- ausgeteilten Wortkarten (Tiere, Städte, Obst ...)

e. Konzentrationsübungen mit dem Alphabet

Hier fehlen Buchstaben oder zwei Buchstaben sind vertauscht. In möglichst kurzer Zeit sollen die Fehler gefunden werden.

A b c d e f g j i k l m n o p q r s t v u w x y z

a b c d e f h i j k l m n o p q r s t u v w x y z

a b c d f g h i j k l m n o p q r s t u v x y z

a b c d e f g h i j k m n o p q r t u v w x y z

a b c d e f g i j k l m n o q r s t u v w x y z

f. Stabreimtexte

Entsprechend dem Bauplan soll der angefangene Text zu Ende geschrieben werden:

Alle Affen angeln am Abend,
Bitterböse Bären brummen,
Christof checkt Carolas Computer,
Daumendicke Dinos dösen …

g. Zahlenzauber

Jede Zahl steht für einen entsprechenden Buchstaben des Alphabets. Es gilt die Wörter herauszufinden.

5	12	5	6	1	14	20						________
23	1	19	19	5	18	5	9	13	5	18		________
13	15	14	4	12	1	14	4	21	14	7		________
8	5	9	26	21	14	7						________
22	1	13	16	9	18	26	1	8	14			________
2	15	15	20	19	22	5	18	12	5	9	8	________

h. ABC-Verse

Wer kennt sie nicht, die lustigen ABC-Verse. Diese selber zu erfinden macht Spaß und trainiert das Alphabet.

ABC Die Katze lief im Schnee.
DEF Herr Maier ist beim Chef.
GHI So was gab's noch nie!
…

i. Platzhalter

In eine Liste nach dem Alphabet geordneter Wörter sollen die vorgegebenen Wörter eingefügt werden. Einfach ist diese Übung, wenn die Wörter mit unterschiedlichen Buchstaben beginnen. Schwierig ist es hingegen, wenn die Platzhalter nach dem zweiten bzw. dritten Buchstaben etc. einsortiert werden müssen. Auch mit Lernwörtern oder Wortkarten an der Tafel lassen sich solche Übungen leicht und ohne viel Aufwand in den Unterricht einbauen.

Schaf
Schakal
Schlange — Schimpanse
Schmetterling
Schneeleopard
Scholle — Storch
Schwein
Schwertfisch
Salamander — Seepferdchen
Sardine
Seestern
Seidenspinnerraupe — Strandläufer
Singvogel
Stier
Stinktier — Schnecke
Spatz
Spinne
Springmaus

Wörterbuchtraining I

a. Zu einem Lückentext wird ein Diktat mit dem Walkman angehört. Das Kind trägt die fehlenden Begriffe in den Lückentext ein. Anschließend erfolgt die Selbstkontrolle mit Hilfe des Wörterbuchs.

b. Im Wörterbuch sind viele Hinweise versteckt. Diese richtig zu deuten und zu verstehen kann mit dieser Übung trainiert werden.

Wort	Artikel (männlich, weiblich, sächlich)	Silbenanzahl	Herkunft	Bedeutung
Kadaver	der (m)	3 Ka|da|ver	lateinisch	Tierleiche
Demokratie	die (w)	4 De|mo|kra|tie	griechisch	Volksherrschaft
Interview	das (s)			

c. Um die Bedeutung der Leitwörter zu verdeutlichen, können diese mit Hilfe der Seitenzahlen bzw. eines vorgegebenen Stichworts nachgeschlagen werden. Es bietet sich an, eine Tabelle zu leichteren Orientierung vorzugeben.

Seite	Linkes Leitwort	Seite	Rechtes Leitwort
350 108	vernehmen	351 109	versetzen

Linkes Leitwort	Stichwort	Rechtes Leitwort	Seite
Opposition	Ornament Dialekt	ozonreich	233

d. Zusammengesetzte Namenwörter muss man in einzelne Wörter zerlegen und diese dann getrennt nachschlagen.

Fotoausrüstung:	das Foto (S. ___)	&	die Ausrüstung (S. ___)
Nachttopf:	die Nacht (S. ___)	&	der Topf (S. ___)

e. Zu vorgegebenen Bildern werden die entsprechenden Begriffe aufgeschrieben. Anschließend wird die Rechtschreibung im Wörterbuch kontrolliert.

____

____

f. Verben nachzuschlagen, die nicht im Infinitiv stehen, ist nicht ganz einfach.

fährt	→ fahren	→ Seite 38
geschwommen	→ schwimmen	→ Seite ___
isst	→ essen	→ ______
...		

Wörterbuchtraining II

a. Diese Übung zwingt die Schüler, auch die klein gedruckten Begriffe im Wörterbuch zu lesen. Es sollen jeweils mehrere verwandte Wörter gefunden, der Wortschatz so erweitert und die orthographischen Zusammenhänge erkannt werden.

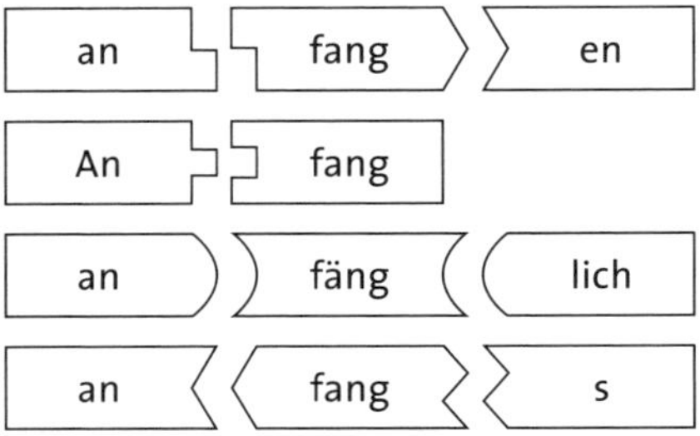

b. Hier geht es darum, die richtige Schreibweise herauszufinden. Die Schüler vermuten zunächst und färben das Feld mit dem vermeintlich richtigen Wort bunt. Um zu beweisen, dass es stimmt, schlagen sie es im Wörterbuch nach. Die Seitenzahl muss als Beweis notiert werden. Falsche Wörter können als persönliche Lernwörter in die Lernkartei aufgenommen werden.

Fucks	**Fux**	**Fuchs**	**S. 47**
ziemlich	ziehmlich	zihmlich	
wiedersprechen	widersprechen	widersprächen	

c. Lückenwörter sollen im Wörterbuch nachgeschlagen und als Wortliste ohne Fehler ins Heft bzw. auf Karteikarten übertragen werden.

Ga - - e (s/ss/ß)

Klini - - um (ck/k)

Sch - - f (aa/a)

Apo - - eke (t/th)

d. Um die Arbeit mit dem Fremdwörterbuch zu trainieren, können Wörter und ihre Bedeutungen nachgeschlagen und notiert werden. Es bieten sich eingedeutschte Wörter wie z. B. Baguette, Hamburger, Pizza, Paella usw. an.

Fremdwort	Bedeutung	Seite
Fjäll	Berg: weite, baumlose Hochfläche in Skandinavien	151
Rallye		

e. Um Adjektive nachzuschlagen und um sich Endungen der Adjektive einzuprägen, muss zuerst ein passendes Substantiv gebildet werden. Dies wird dann nachgeschlagen.

dreckig → der Dreck → S. 56

ängstlich → die Angst → _______

fürchterlich → __________ → _______

f. Substantive stehen stets im Singular abgedruckt. Dieser muss zunächst gefunden und anschließend das Wort im Wörterbuch gesucht werden. Auch Verkleinerungsformen müssen zunächst umgewandelt werden.

die Köpfe → der Kopf → Seite ____

das Häuschen → das Haus → Seite ____

2 Texte schreiben

Schreiben im Unterricht

Texte zu verfassen hat eine lange, wenn nicht gar die längste Tradition innerhalb des Deutschunterrichts. Neben der Sprecherziehung steht das Entwickeln von Texten, die der Verständigung der Menschen untereinander dienen sollen, im Mittelpunkt der Kommunikationsschulung. Der Schreiber sollte stets berücksichtigen, wer der Adressat seines Werkes ist und welchen Zweck es erfüllen soll. Zudem muss sich jeder Autor, und damit auch jeder einzelne Schüler, vor dem Schreibprozess seine eigene Situation bewusst machen.

Welche sprachliche Form gewählt wird, hängt von folgenden Fragen ab:

- Wer schreibt wem?
- Was schreibt der Autor?
- Aus welchem Anlass schreibt er?
- Welche Absicht steht dahinter?
- Welche Wirkung erwartet er?

Ein Text soll den Leser unterhalten oder ihn informieren bzw. einen Zustand kritisieren und an den Verstand des Lesers appellieren.
Man unterscheidet daher zwischen kreativen (unterhaltenden) Texten wie z. B. Gedichten oder Erzählungen und pragmatischen Texten (Gebrauchstexten), zu denen unter anderem Berichte oder Beschreibungen zählen.

Ganz gleich, ob ein unterhaltender oder ein pragmatischer Text verfasst werden soll – von der Motivation der Kinder und Jugendlichen hängt der Erfolg des Aufsatztrainings ab. Theoretisch unterscheidet man fünf verschiedene Formen der Motivation:

1. Inhaltliche Motivation	→	Ein interessantes Thema regt zum Schreiben an.
2. Sprachliche Motivation	→	Die Vorgabe von einzelnen Elementen oder ähnlichen Beispielen regt an (z. B. Reizwörter).
3. Leistungs-motivation	→	Klar definierte Lernziele werden vorgegeben.
4. Intentionale Motivation	→	Der Zweck des Schreibens regt an (z. B. Briefe).
5. Motivation durch das Lehrverfahren	→	Echte Schreibanlässe ergeben sich im Unterricht (z. B. durch Projekte).

Neben der Motivation ist auch das Thema von Bedeutung. Ein gut gewähltes Aufsatzthema kann über Erfolg oder Misserfolg entscheiden. Folgende Fragen helfen dabei, ein Aufsatzthema günstig zu formulieren:

- Stammt das Thema aus dem Erlebnis- und Interessensbereich der Schüler?
- Nimmt das Thema auf die sprachliche Entwicklungsstufe der Klasse Rücksicht?
- Ist das Thema sprachlich kurz formuliert, aber macht es trotzdem neugierig?
- Ist das Thema eng genug ausformuliert, dass die Schülerinnen und Schüler nicht allzu leicht abschweifen?
- Lässt das Thema die gewünschte Textart überhaupt zu?

Ohne ein sinnvolles Konzept für das Aufsatztraining und regelmäßiges Üben während des gesamten Schuljahres bekommen Schülerinnen und Schüler keine ausreichende Unterstützung, um ihre Schreibfertigkeiten sukzessive zu verbessern. Ein „Schnellkurs" vor dem nächsten Klassenaufsatz reicht da nicht aus! Es ist wichtig, möglichst viele echte Anlässe für das Verfassen von Texten schaffen. Das Schreiben für eine Klassenzeitung, das Herstellen eines Märchenbuches mit eigenen Geschichten, das Verfassen von Informationstexten im Rahmen eines Projekts, das Entwickeln eines Hörspieltextes oder das Veröffentlichen von eigenen Berichten in der örtlichen Tageszeitung sind nur einige wenige Beispiele. Leider ist das innerhalb des Schulalltags oft aufwändig, weshalb meist von fiktiven Situationen ausgegangen wird.

Seit jeher haben die klassischen Aufsatzformen wie Erlebniserzählung, Bildergeschichten, Interpretation, Schilderung oder Erörterung im Unterricht ihren festen Platz und werden regelmäßig in Klassenarbeiten abgefragt. An diesem altbewährten Fundus ist an sich nichts auszusetzen und doch haben einige Kolleginnen und Kollegen Magendrücken, wenn sie an diese Aufsätze denken. Kaum ein Aufsatzthema baut auf ein anderes auf. Wird noch bei der Erlebniserzählung Schülern immer wieder eingetrichtert, ausführlich und mit ausschmückenden Worten zu schreiben, verlangt der Bericht im Gegensatz dazu eher nüchterne Sätze und eine Reduktion auf das Wesentliche.

Aber Schreiben ist nicht nur das bloße Aneinanderreihen grammatikalisch korrekter Sätze und das sture Anwenden eingeübter Strategien. Schreiben ist vielmehr ein Prozess, der etwas im Schreiber bewegt und dessen Ergebnis bei Lesern oder Zuhörern auch etwas bewegen soll. Das Ziel des Schreibens kann sich verändern oder auch erst im Laufe des Schreibprozesses herauskristallisieren. Ideen werden verworfen, Sätze umformuliert und im Kopf entstehen neue Bilder, die in Worte gefasst werden wollen. Doch herkömmliche Aufsatzformen bieten kaum ein stabiles Fundament für lebensnahes Schreiben. Trotzdem sind sie kaum aus dem Deutschunterricht der Sekundarstufe wegzudenken.

Deutschunterricht sollte beiden Seiten Beachtung schenken: bewährte Muster der Aufsatzformen üben, aber dennoch genug Raum für lebendiges, praxisnahes Schreiben schaffen. Tagebuchtexte, Gedichte, Einladungen, Kartengrüße, Notizen zur Erinnerung oder auch kurze SMS-Botschaften sind solche schülernahen Schreibanlässe.

Ganz gleich ob klassische Aufsatzform oder lebensnaher Schreibanlass, richtig und vor allem stilistisch gut schreiben zu lernen soll Spaß machen! Geschickt und abwechslungsreich verpackt lassen sich Grammatik-, Aufsatz- und Schreibtraining leicht in jeden Unterricht einbauen. Mit Sicherheit gibt es kein Patentrezept, bei dem jede Schülerin oder jeder Schüler zu einem raffinierten und stilistisch ausgefeilten Geschichtenschreiber wird, aber schon einfache Hilfsmittel und Gedächtnisstützen können das Interesse an der geschriebenen Sprache fördern und erhalten.

Die folgenden Beispiele zeigen, wie man verschiedene Techniken zum Erzählen und Schreiben auf unterschiedliche Weise einüben und somit die

Grundlage für vielerlei Textarten legen kann. Dabei berücksichtigen wir als Schwerpunkte die Schwierigkeiten, die immer wieder auftreten und sehr häufig geübt werden müssen, bis sie sicher beherrscht werden: Satzanfänge, Adjektive, der Textaufbau, Spannungssteigerung sowie die wörtliche Rede.

Gerade Schülerinnen und Schüler der Eingangsstufe der Sekundarstufe bringen unterschiedliche Voraussetzungen mit, die es zunächst einmal aufzuarbeiten gilt, um für alle eine gute gemeinsame Ausgangsbasis zu schaffen. Neben dem jeweiligen individuellen Sprachgefühl spielen selbstverständlich auch Vorkenntnisse wie zum Beispiel der Wortschatz, das grammatikalische Gespür oder Kenntnisse im Satzbau eine wesentliche Rolle. Diese zu trainieren und aufzubauen ist besonders für die Kinder mühsam, deren Muttersprache nicht Deutsch ist. Schon der richtige Satzbau bereitet vielen große Schwierigkeiten. Hinzu kommt bei vielen Schülern das Problem der Groß- und Kleinschreibung. Lernplakate im Klassenzimmer, auf denen die Tricks und Strategien festgehalten werden, oder Wortsammlungen, auch in Form einer Merkkarte, die immer wieder herangezogen werden darf, können helfen, sich leichter zurechtzufinden.

Stilistische Mängel bei Aufsätzen in der Sekundarstufe

- Die Überschrift ist nichtssagend.
  (Mein Erlebnis)
- Die Überschrift nimmt bereits den Höhepunkt vorweg.
  (Als Papa in den Brunnen fiel)
- Der Schreiber springt zwischen Präsens und Präteritum hin und her.
  (Er steigt kreidebleich aus der Achterbahn und sagte dann zu Lars ...)
- Die Satzanfänge sind ungeschickt gewählt.
  (Der Peter geht ...; Und als er dann ...)
- Häufige, gleiche Satzanfänge erzeugen Monotonie.
  (Und dann ... /Dann)
- Bei der wörtlichen Rede werden falsche Zeichen gesetzt.
- Vermischen von Indikativ und Konjunktiv, oft aufgrund falscher Zeichensetzung.
- Die Wörter „sagen“, „machen“ und „gehen“ werden ständig wiederholt.

Problem: Satzanfänge

Um Schüler auf Satzanfänge aufmerksam zu machen, empfiehlt sich immer noch ein Ausgangstext, bei dem sich die Satzanfänge in einem übertriebenen Maße wiederholen. Selbst leistungsschwächere Kinder haben die Chance, den Hintergrund zu verstehen und vielleicht sogar eigene Verbesserungsvorschläge einzubringen. Eine gemeinsam erstellte Auflistung der verschiedenen Möglichkeiten für Satzanfänge verwenden die Kinder auch beim Entwerfen von Erzählungen, Projekttexten oder beim freien Schreiben als „Spickzettel". Auch in Klassenaufsätzen sollte es stets erlaubt sein, diese Hilfsmittel zu benutzen, damit sie sich einprägen und vielen Kindern ein Gefühl der Sicherheit geben.

So wie auf der nächsten Seite könnte ein Plakat für die Klasse zum Thema „Abwechslungsreiche Satzanfänge" aussehen:

Ich, ich, ich – das klingt ja fürchterlich

Eine Erzählung wirkt langweilig, wenn die Sätze immer wieder mit den gleichen Wörtern beginnen. Achte daher auf abwechslungsreiche Satzanfänge.

Dafür gibt es drei Möglichkeiten:

1. **Du kannst die Wörter im Satz umstellen. So ändert sich der Anfang, ohne dass du neue Wörter suchen musst.**

   Ich habe am letzen Wochenende etwas Aufregendes erlebt.

   Am letzten Wochenende habe ich etwas Aufregendes erlebt.

2. **Du kannst auch zwei Sätze miteinander verbinden, indem du ein Komma setzt oder „und“ einfügst.**

   Ich bin zu meiner Tante gereist. Ich bin zum ersten Mal geflogen.

   Ich bin zu meiner Tante gereist und zum ersten Mal geflogen.

3. **Damit es richtig abwechslungsreich oder sogar spannend wird, kannst du andere Wörter an den Satzanfang stellen.**

   Ich bekam Angst, als das Flugzeug während des Fluges bedenklich schwankte.

   Auf einmal bekam ich Angst, als das Flugzeug während des Fluges bedenklich schwankte.

Wortsammlung:

Gleich …	Kurz darauf …	Plötzlich …
Auf einmal …	Schließlich …	Bald …
Zum Schluss …	Endlich …	Nach einer Weile …
Kurze Zeit später …	Zwischenzeitlich …	Anschließend …

a. „Formulierungsmeister“

Diese Übung macht den Kindern immer wieder Spaß und manche zu wahren „Formulierungsmeistern“. Die Kinder bekommen einen Text mit vielen Sätzen, die mit „Und dann … / Dann“ oder „Ich … “ beginnen. Die Aufgabe lautet:

Formuliert den Text so um, dass alle bekannten drei Möglichkeiten (siehe Klassenplakat) auftauchen. Im ganzen Text darf nur einmal „ich“ und einmal „Und dann“ verwendet werden. Ebenso darf jeder Satzanfang aus der Wörterliste wie „Kurze Zeit später“ oder „Plötzlich“ nur jeweils einmal im Text vorkommen.

Beim Vorlesen der überarbeiteten Version bekommen nun die Zuhörer spezielle Höraufträge. Ein Schüler achtet auf die Anzahl der Anfänge mit „ich“, ein anderer auf die mit „und dann“. Ein weiterer Schüler schreibt alle verwendeten Satzanfänge auf und zwei andere machen eine Strichliste, wie oft jede der drei Möglichkeiten verwendet wurde. Auf diese Weise ist garantiert, dass die Kinder konzentriert zuhören. Es hat sich gezeigt, dass diese einfache Art einen gewissen Wettbewerbscharakter hat und motiviert. So erzielen auch in Deutsch eher schwache Schüler gute Ergebnisse und bekommen von den Mitschülern eine positive Rückmeldung. Die drei besten können, müssen aber nicht, zu „Formulierungsmeistern“ gewählt werden.

b. Glücksrad

Eine große und eine kleinere Kreisscheibe werden mit Hilfe einer Musterklammer aufeinander befestigt. Die Scheibe wird nun in sechs gleich große Felder eingeteilt und jeweils mit den Augenzahlen eines Würfels versehen. Die Felder sollten z. B. mit einer Tackerklammer voneinander getrennt werden, sodass kleine Einschubtaschen entstehen (siehe S. 107).

Variante 1: In jedes Feld werden Karten mit ein oder zwei Sätzen geschoben, die alle mit „ich“ oder „dann“ anfangen. Jedes Kind würfelt nun und zieht aus dem Feld mit der entsprechenden Augenzahl eine Karte. Es soll eine der drei Möglichkeiten für abwechslungsreiche Satzanfänge anwenden und den Satz entsprechend umformulieren.

Variante 2: Ein Schiedsrichter spielt mit. Dieser achtet darauf, dass die Spieler jedes kleine Wort für den Satzanfang nur einmal verwenden. Wer ein Wort doppelt nennt, muss eine Runde aussetzen. Es kann auch ein „Aussetzen-Feld“ oder ein „Noch-einmal-würfeln-Feld“ geben, was den spielerischen Charakter noch erhöht.

Problem: Adjektive

Die meisten Kinder haben keine Probleme, gängige Adjektive in ihrem Text zu verwenden, doch solche Wörter, die eine Geschichte oder ein Gedicht auf prägnante Weise ausschmücken und ihm den nötigen Pfiff verleihen, sind vielen nicht präsent. Auf etwas, das man nicht besitzt, kann man schlecht zurückgreifen. Gerade ausländische Kinder, deren deutscher Wortschatz nur die im Alltag verwendeten Wörter umfasst, stehen hier oft sogar vor Verständnisproblemen. Sie kennen die Bedeutung des Wortes nicht und können das Adjektiv folglich auch nicht in Verbindung mit Substantiven verwenden. Sie müssen sich zunächst einmal neue Wörter erarbeiten und ihren aktiven Wortschatz erweitern.

a. Minuten-Spiel

Wenn man eine Grundlage für eine Adjektiv-Sammlung zu einem bestimmten Thema schaffen, der Klasse aber nicht alle Wörter vorgeben will, kann man auf das „Minuten-Spiel" zurückgreifen. Zu einem bestimmten Substantiv, welches den Kindern als Wort an der Tafel oder auch als Bildimpuls präsentiert wird, schreiben die Kinder in Einzel- oder Partnerarbeit innerhalb einer bestimmten Zeitvorgabe (z. B. einer Minute) alle Adjektive auf, die ihnen einfallen. Eine anschließende Auswertung an der Tafel liefert eine umfassende Klassensammlung. Das Spiel lässt sich beliebig oft wiederholen, als Wettkampf gestalten oder auf einen längeren Zeitraum ausdehnen. Wird es länger gespielt, können zu einem vorgegebenen Gerüst mit Oberthema zunächst einmal drei bis fünf passende Substantive und dazu wiederum passende Adjektive und Partizipien gesucht werden.

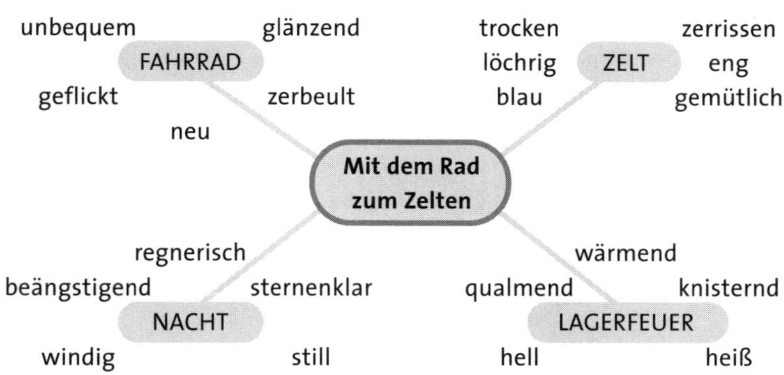

b. Außenseiter

Aus vorgegebenen Adjektivsammlungen muss das Wort, welches nicht in die Reihe passt, gestrichen werden.

Das Haus ist:	alt – ~~vertrocknet~~ – schön – hässlich – windschief – baufällig
Das Wetter ist:	~~lustig~~ – trüb – verregnet – trist – neblig – kühl – nass
Das Hundefell ist:	struppig – dreckig – flauschig – ~~betäubt~~ – kratzig – rötlich

c. Schnapp die Karte

Vorbereitung: möglichst viele verschiedene Adjektiv-Paare suchen, die zusammenpassen, und jedes Adjektiv einzeln auf eine Karte schreiben.

farbig / bunt
kühl / kalt
leuchtend / hell
windig / zugig
weich / kuschelig
dunkel / finster
eckig / kantig
uneben / rau
nass / feucht
warm / heiß
glatt / eben
freundlich / nett
traurig / bedrückt
dick / fett

Die Karten werden gemischt. Ein Stapel mit etwa zehn Karten bleibt in der Mitte verdeckt liegen. Die restlichen Wortkarten werden gleichmäßig auf zwei bis vier Mitspieler verteilt und ebenfalls verdeckt hingelegt. Die Anzahl der Karten für jeden Spieler hängt von der Anzahl der gesamten Adjektiv-Karten ab. Die oberste Karte wird umgedreht. Gleichzeitig drehen nun alle Mitspieler ihre oberste Karte um. Jetzt ist Schnelligkeit gefragt. Wer als Erstes erkennt, dass zwei Karten zusammenpassen, bekommt das Paar. Passen keine Adjektive zusammen, werden die nächsten Karten der Mitspieler umgedreht. Gespielt wird so lange, bis keine Karten mehr in der Mitte liegen. Gewonnen hat, wer die meisten Paare gesammelt hat.

Das Spiel lässt sich ebenso gut mit Gegensätzen (z. B. wolkig / sonnig oder glasklar / trüb) spielen.

Problem: Aufbau einer Erzählung und Spannungssteigerung

Bei allen erlebnishaften Aufsätzen, sei es eine Bildergeschichte, eine Fantasieerzählung oder das Erzählen zu einem vorgegebenen Anfang oder Schluss, werden bestimmte inhaltliche und sprachlich-stilistische Gestaltungsanforderungen an die Schüler gestellt. Dazu zählen das Ordnen der Gedanken und Handlungsabläufe in der richtigen Reihenfolge, das sprachlich korrekte Formulieren und Finden variantenreicher Ausdrucksformen sowie das sinnvolle Hinarbeiten auf einen Höhepunkt bzw. das spannende Ausgestalten der Pointe.

a. Erzählrutschbahn

Eine Möglichkeit, Schülerinnen und Schülern die Gliederung einer Erzählung in einem Bild deutlich vor Augen zu führen, ist die Rutschbahn. In der Literatur gibt es weitere Beispiele, angefangen von der Aufsatzmaus über ein Aufsatzfischchen bis hin zum Erzählhaus. Diese Beispiele sind zwar ebenfalls anschaulich, aber handlungsorientiertes Arbeiten, das viele Sinne mit einbezieht, lässt sich an ihnen nur schwer umsetzen.

Auf vielen Schulhöfen oder nahe gelegenen Spielplätzen gibt es eine Rutschbahn. Und warum sollte man nicht auch einmal eine Aufsatzstunde im Freien verbringen? Ausgestattet mit Plakaten, Wortkarten, dicken Stiften, einer geeigneten Bildergeschichte oder Erzählung und Klebeband kann die Rutschbahn in „Beschlag" genommen werden. Ausgangspunkt ist die Geschichte, dann folgt der Impuls „Die Rutschbahn hängt eng mit der Geschichte zusammen. Findet heraus wie!". In der Regel kommt die Klasse rasch auf den Zusammenhang zwischen der langsam aufsteigenden Form der Rutschbahn und dem Aufbau der Erzählung. Am Ende löst sich die Spannung mit einem „Rutsch" auf (siehe S. 126). Die einzelnen Bilder bzw. Sinnabschnitte, die zuvor in verkürzter Version auf entsprechend vielen Plakaten festgehalten wurden, werden an der Rutschbahn befestigt und der Handlungsverlauf somit „begreifbar". Wer möchte, kann die Geschichte von einem oder mehreren Schülern nacherzählen lassen. Parallel dazu läuft ein Kind den gelegten „Weg" über die Rutschbahn ab. Zu einem späteren Zeitpunkt des Aufsatztrainings müssen Aufgaben mit Hilfe der Pausenhofrutschbahn gelöst werden. Gerade bei der Ausformulierung des Höhepunktes macht es den Schülern Spaß, die Leiter so langsam wie möglich hochzusteigen und immer weitere Sätze zu finden, die die Spannung hinauszögern.

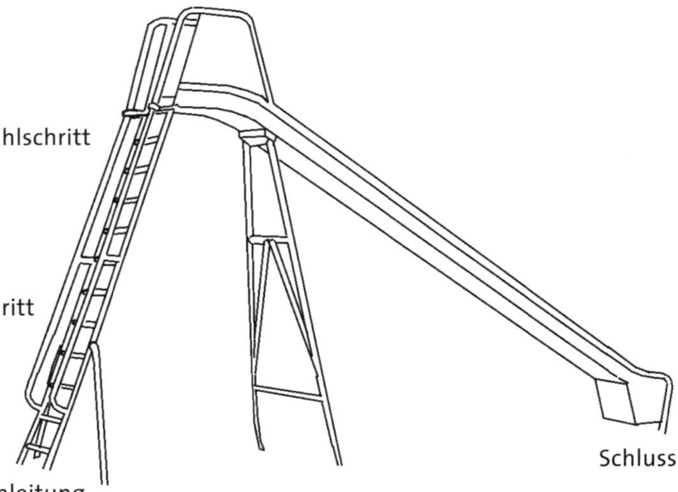

b. Der „rote Faden" innerhalb einer Bildergeschichte

Bildergeschichten eignen sich wohl am besten, einer Klasse die Gliederung einer Erzählung in Einleitung, Hauptteil mit absolutem Höhepunkt und Schluss zu verdeutlichen. Keine andere Art der Erzählung zeigt die Pointe so deutlich wie eine gut ausgewählte Bildergeschichte und selten wird diese von den Kindern missverstanden. So haben alle den gleichen Erlebnishintergrund. Zunächst werden die Bilder sortiert und nach dem roten Faden der Geschichte angeordnet. Dies kann gemeinsam an einem auf dem Klassenzimmerboden ausgelegten roten Wollfaden oder aber alleine mit Hilfe der Vorlage (s. Abb. S. 128) geschehen. Durch das Einzeichnen der Bildrahmen bzw. das Auslegen weißer Blätter neben dem Wollfaden kann für leistungsschwächere Kinder differenziert und die Anordnung der Bilder an der richtigen Stelle sichtbar gemacht werden. Leistungsstärkere brauchen eine solche Hilfe in der Regel nicht mehr. Selbstverständlich lassen sich auch hier Wortkarten mit den Teilen einer Erzählung mit Wäscheklammern befestigen oder dazulegen. Mit etwas Geschick kann der „rote Faden" in Form eines umgedrehten „V" anschließend als immer sichtbare Hilfe an der Klassenzimmerwand befestigt werden. Im folgenden Beispiel „Wo ist der Hund geblieben?" sind die Bilder bereits in vertauschter Reihenfolge.

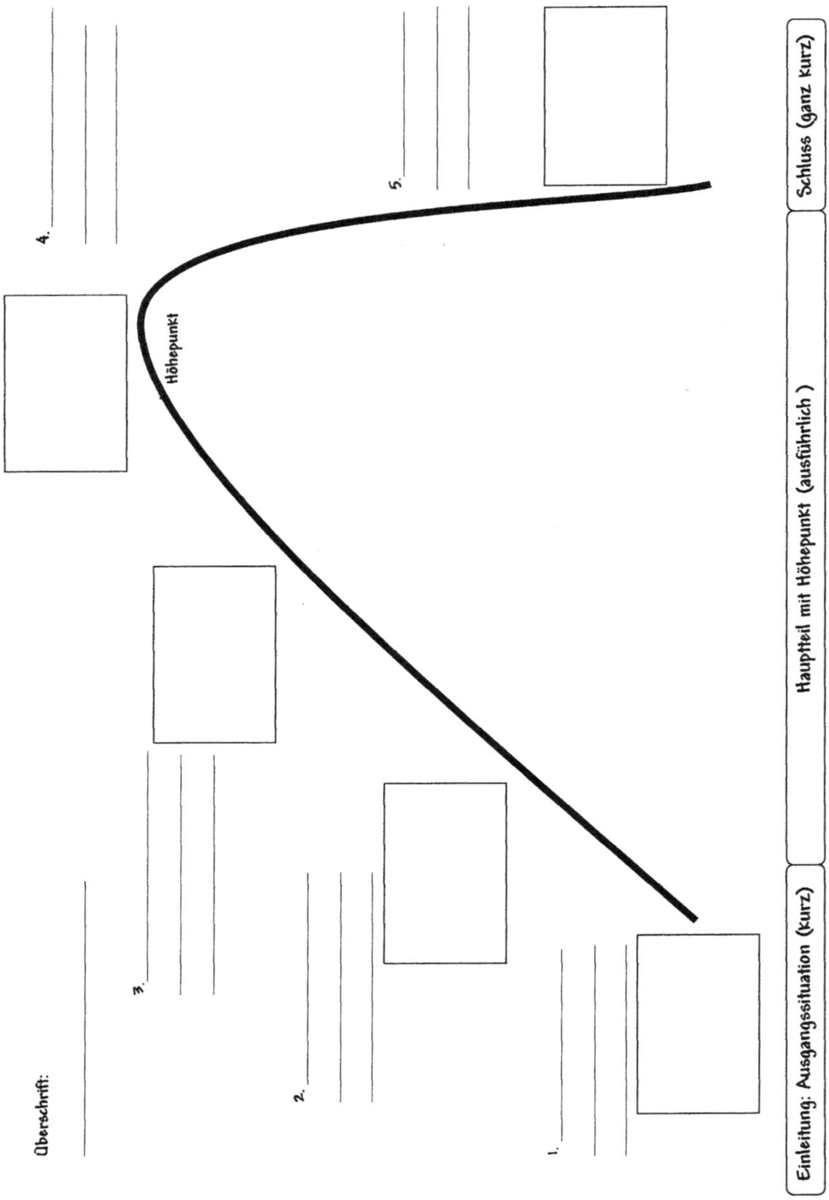
Überschrift:
1.
2.
3.
Höhepunkt
4.
5.
Einleitung: Ausgangssituation (kurz)
Hauptteil mit Höhepunkt (ausführlich)
Schluss (ganz kurz)

c. **Anschauliche Unterrichtseinstiege zur Spannungssteigerung**

Selbst Spannung zu schaffen ist der eindrücklichste Weg, Schülern klarzumachen, was es heißt, gespannt auf ein Ende oder eine Wendung zu warten. Die folgenden Beispiele sind als Impulse zum Beginn einer Stunde gedacht. Ohne große Vorkenntnisse und vorangegangene Übungszeit sind diese kleinen Beobachtungsaufgaben hoch motivierend und machen allen Beteiligten Spaß.

Der Arbeitsauftrag lautet bei allen Beispielen gleich: „Beobachte aufmerksam und schreibe ganz genau auf, was du siehst und hörst". Während der Lehrer den Vorgang zeigt, schreibt jeder für sich drauflos. Einstiegsmöglichkeiten:

- Stellen Sie mehrere leere Gläser in einer Reihe gut sichtbar auf den Tisch. Mit einer Gießkanne gießen Sie nun nacheinander in jedes Glas Wasser. Zuerst ganz wenig, ins nächste Glas schon etwas mehr usw. Das letzte Glas soll so voll eingeschenkt werden, dass es überläuft.
- Bauen Sie mit Bauklötzen oder vielen Streichholzschachteln vor den Augen der Klasse einen Turm. Wie lange bleibt der Turm stehen?
- Blasen Sie einen Luftballon auf. Holen Sie dazwischen deutlich Luft und pusten Sie so lange, bis der Ballon platzt.

Patrick, 11 Jahre, schreibt:

„Frau Grimm bläst einen Luftballon auf. Sie pustet einmal und noch einmal. Sie pustet und pustet und wird schon ganz rot. Dann pustet sie ein letztes Mal. Der Ballon platzt laut."

Jasmin, 10 Jahre, schreibt:

„Frau Grimm nimmt Bauklötze und stellt sie aufeinander. Dann nimmt sie einen großen blauen Klotz. Der Turm wird höher und höher. Nach dem grünen Bauklotz wackelt der Turm. Frau Grimm legt noch mehr Klötze drauf. Der Turm wackelt immer mehr. Wum! Jetzt ist er umgefallen."

Sibel, 11 Jahre, schreibt:

„Frau Grimm will einen Ballon aufblasen. Sie bläst und bläst. Dazwischen holt Frau Grimm Luft. Der Ballon ist schon groß. Jetzt wird er noch größer und noch größer. Sie bläst noch einmal hinein. Peng. Jetzt ist der Luftballon geplatzt."

Dominik, 13 Jahre, schreibt:

„Frau Grimm schüttet mit einer Gießkanne Wasser in das erste Glas. Dann schüttet sie in das zweite noch mehr und in das dritte noch mehr. Das vierte Glas ist schon fast voll. Sie schüttet jetzt ins fünfte Glas Wasser. Ob das gut geht? Oh je, das Glas läuft doch über."

Ohne Hinweise verwenden die meisten Kinder ganz automatisch bereits wichtige stilistische Kniffe, die Spannung erzeugen:

- Wortwiederholung (Sie pustet und pustet ...)
- Steigerung von Adjektiven (Der Ballon ist schon ganz groß. Jetzt wird er noch größer ...)
- Comicwörter (Wumm! Peng!)
- Fragen, die an sich selbst gerichtet sind (Ob das gut geht?)

Die Möglichkeiten der Spannungssteigerung werden an der Tafel zusammenfassend festgehalten. Anschließend an diese Übung können das folgende Arbeitsblatt vertiefend eingesetzt und die noch nicht notierten Tricks gemeinsam erarbeitet werden.

Problem: wörtliche Rede

Kaum ein anderer Inhalt innerhalb der Aufsatzerziehung macht Schülern so viele Probleme wie die wörtliche Rede. Grundlage für die richtige Anwendung ist ein fundiertes Wissen über die drei Satzarten. Häufig stoßen Schülerinnen und Schüler schon hier an ihre Grenzen. Sie erkennen beim Schreiben das Ende eines Satzes nicht, machen keine Punkte und lassen endlose Schlangensätze entstehen. Kommt nun noch die wörtliche Rede hinzu, werden Satzzeichen oft willkürlich und ohne Kenntnisse der Regeln gesetzt. Beides, Satzarten und wörtliche Rede, müssen deshalb regelmäßig wiederholt und immer wieder in kleinen Übungen trainiert werden.
Wir möchten hier zwei kurze handlungsorientierte Übungen zur wörtlichen Rede, die mehrere Sinneskanäle ansprechen, vorstellen.

a. Wörtliche Rede vertonen bzw. wörtliche Rede sportlich

Es bietet sich immer an, den Redeteil und den Redebegleitsatz von unterschiedlichen Kindern vorlesen zu lassen. Dadurch wird klar, wer Erzähler ist und was tatsächlich von einer Person gesprochen wird. Die Funktion und die Position der Satzzeichen werden hierdurch aber nicht verdeutlicht. Dies geschieht am besten, indem die Satzzeichen in Töne oder Bewegungen umgesetzt werden.

Zu einem Text mit wörtlicher Rede wird ein „Aktionsplakat" erstellt. Jedes Satzzeichen bekommt ein eigenes akustisches Signal oder eine be-

Übung macht den Meister

Gestern Abend waren meine Eltern ausgegangen.
Ich saß allein mit unserem jungen Hund Homer vor
dem Fernseher und schaute einen spannenden Film an.

Homer kuschelte sich an mich, doch plötzlich spitzte er seine Ohren. Auf einmal richtete er sich auf und schaute sich aufmerksam im dunklen Wohnzimmer um. Da hörte ich es – das leise Quietschen der Zimmertüre und tapsende Schritte. Was konnte das sein? Homer fing an zu knurren und seine Nackenhaare sträubten sich. Die Schritte kamen näher und näher und wurden immer noch lauter.

Mir lief es eiskalt den Rücken hinab. Schweiß stand mir auf der Stirn. Homers Schwanzspitze zuckte unruhig hin und her. War es ein Einbrecher? Urplötzlich sprang Homer mit einem Satz nach vorn und – womm! – schlug mit seinen kräftigen Vorderpfoten zu. Ich war erleichtert, als ich das klägliche Miauen von Nachbars Katze hörte. Sie musste sich durch das offene Küchenfenster in die Wohnung geschlichen haben.
Früh übt sich, wer ein guter Wachhund werden will.

Der Autor dieses Textes hat fünf Tricks angewendet, um die Geschichte spannend zu machen.
Finde sie! Es gilt auf jeden Fall: ***Das Rätsel wird immer erst kurz vor Schluss gelüftet.***

stimmte Bewegung. Hier kann die Klasse zusammen überlegen, welches zur Darstellung eines Satzzeichens am besten passt. Die Ideen werden auf das Plakat geschrieben, das im Klassenzimmer aufgehängt wird. Nun gilt es, den Text mit den akustischen Signalen zu lesen. Dies kann in kleinen Gruppen oder innerhalb der Gesamtklasse geschehen. Entweder liest ein Schüler vor oder alle lesen und machen die Zeichen gemeinsam. Für die Signale eignen sich auch Instrumente aus dem Musikraum. Jedes Instrument steht dann für ein Satzzeichen.

. Klanghölzer

: Tamburin

” Höhe Töne auf einem Glockenspiel

“ Tiefe Töne auf einem Xylophon

! Becken

? Triangel

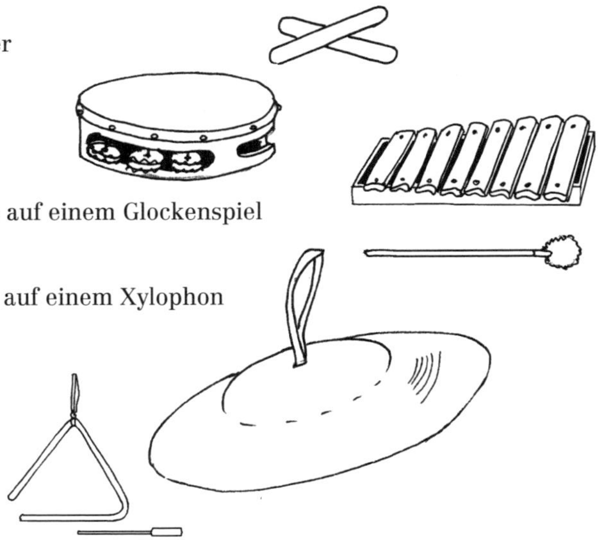

Satzzeichen vertonen

Mehrmals geübt, prägen sich die Bewegungen bzw. Instrumente ein und das Lesen eines Textes geht schneller voran als zu Beginn. Mit eigenen Texten, die sich die Kinder gegenseitig vorlesen, kann die Zeichensetzung kontrolliert und geübt werden. Eine Übung kann immer wieder im Tages- und Wochenplan eingesetzt werden und macht auch noch Spaß. Trainierte Schülerinnen und Schüler können einen Text, bei dem statt der Satzzeichen Platzhalter stehen, mit Hilfe der Instrumente selbstständig vertonen. Eine Lösungsfolie, die auf das Arbeitsblatt gelegt wird, ermöglicht am Ende die Selbstkontrolle. Mitschüler können parallel dazu den Partner mit einem Lösungsblatt kontrollieren.

Vorschlag für ein Aktionsplakat „Wörtliche Rede“

.

mit dem Fuß stampfen

:

mit beiden Fäusten auf den Tisch klopfen

„

mit beiden Händen nach links unten zeigen

“

mit beiden Händen nach rechts oben zeigen

!

beide Arme gestreckt über den Kopf strecken

?

Kopf schräg legen, Schulter zucken

b. Der Weg über Comic und Bildergeschichte

Der Umweg über einen Comic oder eine Bildergeschichte bietet sich bei der Einführung der wörtlichen Rede an. Dort hinein werden Sprechblasen gezeichnet. Damit die Schüler genügend Platz zum Schreiben haben, sollte die Bildergeschichte auf DIN-A3 vergrößert sein. Es gilt nun, die Sprechblasen möglichst originell, aber passend auszufüllen. Anschließend werden mehrere Geschichten zuerst mündlich nacherzählt. Die Schülerinnen und Schüler verwenden hier meist schon automatisch die wörtliche Rede mit voran- und nachgestelltem Begleitsatz. Der Impuls „Nun schreibt eure Geschichte genau so auf" führt zur schriftlichen Form der wörtlichen Rede hin. Gemeinsam wird die Stellung der Satzzeichen besprochen und der Rede- bzw. Redebegleitsatz mit unterschiedlichen Farben an der Tafel gekennzeichnet.

Zusätzlich können die Schüler noch ein passendes Hörspiel zur Bildergeschichte oder zum Comic verfassen, in welchem Erzähler und handelnde Personen durch unterschiedliche Sprecher verkörpert werden. Spannend ist auch der umgekehrte Weg. Ein Hörspiel wird Schritt für Schritt auseinander genommen und ähnlich einem Walkman-Diktat als Text mit wörtlicher Rede aufgeschrieben. Alleine oder in einer Kleingruppe hört sich der Schüler das ganze Hörspiel an. So wird zunächst einmal der Sinnzusammenhang deutlich. Danach beginnt der Schüler wieder von vorn. Satzweise wird nun das Hörspiel oder ein bestimmter Ausschnitt in die wörtliche Rede übertragen und aufgeschrieben.

Die Erfahrung zeigt, dass eine solche Übung nicht auf Anhieb funktioniert. Sie erfordert Durchhaltevermögen, stärkt aber die Konzentration sowie das genaue Zuhören. Kurze Ausschnitte aus einem längeren Hörspieltext bieten sich eher an als ein ganzes Stück. Soll dennoch ein komplettes Hörspiel erarbeitet werden, kann es in einzelne Abschnitte, entsprechend der Schülerzahl, eingeteilt werden. Jedes Kind bearbeitet nun einen kleinen Ausschnitt. Am Ende macht es viel Freude, das Hörspiel gemeinsam anzuhören und die entstandenen Textabschnitte in der richtigen Reihenfolge zu sortieren und zu einer Geschichte zu verknüpfen.

Schreibkonferenzen: Texte gemeinsam überarbeiten

In Schreibkonferenzen helfen sich die Schüler gegenseitig, ihre Texte und Aufsätze zu überarbeiten. Dazu stellt der Verfasser eines Textes die Rohfassung anderen Mitschülern vor. Diese geben Anregungen, wie der Text überarbeitet werden kann.

Bei gebundenen Aufsatzformen überprüft die Gruppe gemeinsam zuvor erarbeitete Kriterien. Hilfreich ist dieses Vorgehen bei Texten, die auf klare Vorgaben oder ihre Logik hin untersucht werden können.

Mögliche Fragen sind:

- Hat die Geschichte einen Höhepunkt, einen richtigen Schluss?
- Ist sie verständlich, gibt es Brüche?
- Wurde die wörtliche Rede verwendet?
- Wurde die Zeitform durchgehend eingehalten?

Dabei kann der Schwerpunkt in mehreren Durchgängen verschieden gesetzt werden: auf die inhaltlichen oder stilistischen Vorgaben, auf die Formulierungen und sprachlichen Aspekte und zum Schluss mit Hilfe des Wörterbuchs auch auf die Rechtschreibung.

Auch bei freien Texten können die Mitschüler den Autor in Schreibkonferenzen beraten, was die sprachliche Umsetzung betrifft. In erster Linie sollte an solch einem persönlichen Werk aber nicht herumkritisiert werden. Den Schülern sollte klar sein, dass Kritik häufig als verletzend empfunden wird. Die Tipps dienen nur als Vorschlag und nicht als Zwang zur Korrektur. Die Berater müssen es respektieren, wenn der Autor bei seiner Erstfassung bleiben möchte.

Diese zeitaufwändige Vorgehensweise erweist sich dann als fruchtbar, wenn sie mit den Schülern eingeübt wurde und dann parallel in kleinen Gruppen ablaufen kann.

Am effektivsten ist es unserer Erfahrung nach, das Verfahren im Plenum vorzustellen und es dann unter der Anleitung des Lehrers in Kleingruppen zu trainieren. Dies geht beispielsweise während offener Unterrichtsphasen, wenn sich die anderen Kinder mit dem Wochenplan oder einem Projekt beschäftigen.

Dazu reicht eine Doppelstunde nicht aus. Die Arbeitsschritte müssen deshalb auf mehrere Tage verteilt werden. Wichtig: Mit kürzeren Texten anfangen! Lohnt sich dieser Zeitaufwand aber auch aus Sicht der Lehrer? Wir meinen Ja, denn Schreibkonferenzen ermöglichen und fördern die intensive Auseinandersetzung mit sprachlichen Mitteln.

Lerneffekte

Die längere Einarbeitungsphase und der relativ hohe Zeitaufwand sind mit der intensiven Sprachbetrachtung, -übung und -reflexion, die während einer Schreibkonferenz bei den Schülern abläuft, zu rechtfertigen.

Durch das Benutzen des Wörterbuchs, das stilistische und inhaltliche Überarbeiten von Texten und die Korrektur grammatikalischer Fehler werden die zentralen Aufgaben des Deutschunterrichts praktisch vernetzt und gleichzeitig trainiert. Dies geschieht im Deutschunterricht sonst eher selten. Deshalb bietet es sich an, Schreibkonferenzen mit ihren vielseitigen Lerneffekten (auch die kommunikativen und sozialen Faktoren werden automatisch geübt) bewusst in den Unterricht zu integrieren.

Möglicher Ablauf

In einer kleinen Gruppe von drei bis vier Kindern liest der Autor seine Geschichte vor. Die anderen Kinder stellen Fragen zum Verständnis und äußern sich spontan.

Hierbei gilt:

- Sagt zuerst, was euch gefällt.
- Fragt nach, was euch noch unklar ist.

Dann geht die Gruppe den Text noch einmal langsam Satz für Satz gemeinsam durch und stellt fest, was verbessert werden muss. Wenn möglich, bekommt jedes Kind dazu eine Kopie des Textes. Der Autor liest langsam vor, die Zuhörer haken ein, wenn ihnen etwas auffällt.

Dazu kann auch eine Aufsatz-Checkliste, die alle wichtigen Punkte noch einmal aufführt, als Hilfestellung benützt werden. Gemeinsam werden dann diese Schwachstellen bearbeitet.

Oder: Der Autor überarbeitet den Text noch einmal alleine, die Konferenz tritt danach zu einer zweiten Runde zusammen.

So werden nacheinander die Texte aller Kinder in der Gruppe überarbeitet.

Eine mögliche Vorgehensweise ist es, folgende Schritte der Reihe nach zu überprüfen:

1. Satzanfänge prüfen: Sind sie abwechslungsreich? Passen die Personalpronomen zum vorigen Satz?
2. Ausdrücke prüfen: Wurden treffende Verben und Adjektive verwendet? Gibt es Sätze, die man besser formulieren kann?

3. Satzbau prüfen: Sind alle Sätze vollständig? Könnten sie allein für sich stehen?
4. Rechtschreibung prüfen: Fehler mit dem Wörterbuch verbessern!
5. Überschrift prüfen: Passt sie zur Geschichte? Macht sie Lust, die Geschichte zu lesen?

Ergänzend zu diesen Tipps können die Checklisten für Aufsätze aus dem nächsten Kapitel (siehe S. 147ff.) kopiert und als Hilfe gegeben werden.

Bei älteren Schülern besteht auch die Möglichkeit, die kopierte Rohfassung eines Textes von jedem Gruppenmitglied erst einmal allein durchlesen und überarbeiten zu lassen.

Dies bedeutet, dass die Berater ihre Verbesserungsvorschläge direkt in den Text eintragen und Fehler korrigieren. Diese Verbesserungsvorschläge stellen sie in der Konferenz vor und beraten den Autor.
Sind die Schüler in diesem Verfahren geübt, ist es auch möglich, dem Autor die Verbesserungsvorschläge einfach zur Verfügung zu stellen. Dieses Verfahren entspricht dann weniger einer Schreibkonferenz als vielmehr einer schriftlichen Beratung.

Gemeinsam sollten mit der Klasse einige Korrekturzeichen erarbeitet werden (siehe Kopiervorlage auf S. 138), die die Schüler dann selbstständig benutzen können, um im Text zu notieren, wo noch etwas zu verbessern ist. Diese können bei einer gemeinsamen Besprechung eines Textes, der auf Folie kopiert und am Tageslichtprojektor verbessert wird, eingeführt werden.

Auf jeden Fall soll deutlich werden, dass sich der Aufwand tatsächlich lohnt und die Textqualität verbessert wird. Deshalb ist es auch konsequent, überarbeitete Texte zu bewerten und Schülern die Möglichkeit zu geben, die Erstfassung für einen benoteten Aufsatz in einer Schreibkonferenz gemeinsam zu überarbeiten.

Mögliche Korrekturzeichen sind:

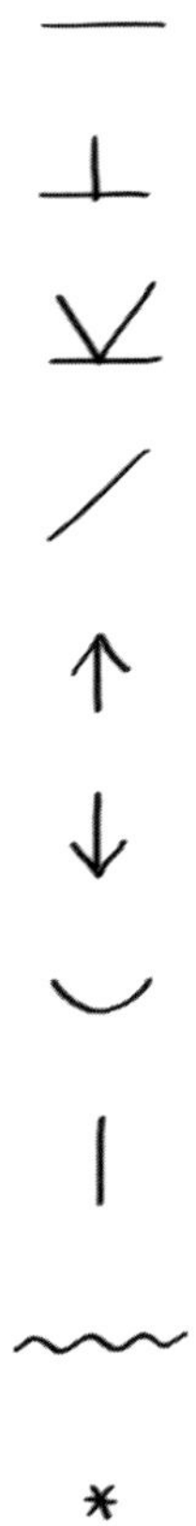

- Buchstabe falsch
- Buchstabe fehlt
- Wort fehlt
- Buchstabe zu viel
- Groß schreiben
- Klein schreiben
- Zusammen schreiben
- Getrennt schreiben
- Ausdruck passt nicht
- Änderungsvorschlag siehe unten

Aufsatztexte beurteilen und bewerten

Für eine nachvollziehbare Notengebung ist es hilfreich und sinnvoll, bei der Korrektur von Aufsätzen mit einem Punktesystem zu arbeiten. Die zu bewertenden Kriterien hängen von der Vorbereitung und Erarbeitung mit den Schülern ab und sollten im Vorfeld bekannt sein.

Die hier aufgeführten Vorschläge sind Beispiele für die Klassen 5 und 6 und erheben keinen Anspruch auf allgemeine Gültigkeit, die Gewichtung der Kriterien und auch die Punktevergabe beinhalten persönlichen pädagogischen Spielraum. Es ist sinnvoll, eigene Tabellen zu erstellen und dabei zu entscheiden, ob die Rechtschreibung in die Bewertung einfließen soll.

Mögliche Punkteverteilung bei Bildergeschichten

Kriterien	Mögliche Punkte	Erreichte Punkte
Überschrift	1	
Zeit	1	
Satzbau/Grammatik	2	
Reihenfolge	2	
Genauigkeit	2	
Vollständigkeit	2	
Anschaulichkeit	1	
Formulierung/Stil	1	
	12	

Mögliche Punkteverteilung bei einer Erlebniserzählung

Kriterien	Mögliche Punkte	Erreichte Punkte
Gliederung (Einleitung/Hauptteil/Schluss)	3	
Reihenfolge	1	
Spannungskurve	1	
Höhepunkt	1	
Einfallsreichtum	2	
Erzählerische Mittel	3	
Satzbau /Grammatik	2	
Satzanfänge	1	
Überschrift	1	
	15	

Mögliche Punkteverteilung bei einer Vorgangsbeschreibung

Kriterien	Mögliche Punkte	Erreichte Punkte
Punkte		
Sprache	3	
Genauigkeit	3	
Reihenfolge	3	
Satzanfänge	2	
Zeit	1	
Satzbau/Grammatik	2	
Rechtschreibung	1	
	15	

Den Schreibprozess unterstützen: Hilfsmittel für Schülerhand

Klassenübergreifendes Aufsatz-Lernheft

Es ist leider üblich und wegen der Stofffülle kaum vermeidbar, mit Schülerinnen und Schülern eine Aufsatzform zu trainieren, diese einmalig in der Klassenarbeit abzufragen und dann zum nächsten Thema überzuwechseln. Doch wie lange hält der Erfolg eines solchen Aufsatztrainings an? Oft muss der nachfolgende Deutschlehrer im nächsten Schuljahr wieder bei null anfangen, obwohl eine Problematik ausführlich und kompetent behandelt wurde. Um hier Abhilfe zu schaffen, kann ein zusätzliches „Aufsatz-Lernheft" angelegt werden, das von Klasse zu Klasse weitergeführt wird und in dem die wichtigsten Regeln und Informationen zu allen grundlegenden Aufsatzarten gesammelt werden.

Hier können Schülerinnen und Schüler den Umgang mit bereits behandeltem Unterrichtsstoff nachlesen. Lehrer können sich vergewissern, dass Voraussetzungen da sind, die nur noch einmal, selbstverständlich mit Hilfe der Heftaufschriebe des Vorgängers, wiederholt werden müssen. Zusätzlich zeigen die regelmäßigen Eintragungen der Klasse auch, dass es sinnvoll sein kann, etwas ordentlich in einem Heft zu fixieren, da es später wieder gebraucht wird. Dem Sinn von Hefteinträgen und Notizen wird ein aufeinander aufbauender Unterricht gerecht. Dieser Grundsatz sollte nicht nur für das Aufsatztraining gelten, sondern das Prinzip in allen Fächern sein. Es erfordert Absprachen innerhalb der Fachschaft, wie ein solches Aufsatz-Lern-Heft aufgebaut sein soll und welche Inhalte darin festgehalten werden. Doch der Aufwand lohnt, denn Unterrichtsinhalte verschwinden nicht in der Versenkung.

Aufsatz-Fächer

Der Aufsatz-Fächer lässt sich im gesamten Deutschunterricht innerhalb der Aufsatzerziehung einsetzen und bietet verschiedene Übungsmöglichkeiten, auch im Rahmen des Wortarten- oder Rechtschreibtrainings. Er gibt Anregungen zur Wortwahl und hilft, Wortwiederholungen zu vermeiden. Ein solcher Aufsatzfächer kann als Ganzes oder in Teilen im Unterricht hergestellt und verwendet werden. Mit einer Musterklammer zusammengeheftet, lassen sich jederzeit neue Streifen ergänzen oder alte entfernen. Die Schüler können selbst eigene Streifen für den Aufsatz-Fächer im Unterricht erstellen. Die Blätter, die gerade für den Deutschunterricht bedeutsam sind, stehen jeweils an oberster Stelle oder werden mit einer bunten Büroklammer markiert.

Auf den nächsten Seiten finden Sie Beispiel-Streifen für etliche Themen, die Sie am besten auf etwas stärkeres Papier vergrößern, ausschneiden und zusammensetzen können.

SAGEN

aufbrausen
befehlen
beichten
berichten
bitten
brüllen
drohen
ermahnen
erzählen
flüstern
grölen
hauchen
jammern
klatschen
krakeelen
kreischen
lästern
lispeln
loben
maulen
meckern
motzen
munkeln
murren
nuscheln
plappern
quasseln
quengeln
reden
schwören
seufzen
spotten
stammeln
tratschen
tadeln
vortragen
zanken

FRAGEN

anfragen
bitten
befragen
betteln
bohren
brüten
erfragen
grübeln
herumrätseln
knobeln
löchern
nachfragen
nachforschen
nachhaken
raten
sich den Kopf zerbrechen
sich erkundigen
sich Gedanken machen
sich informieren
sich interessieren
sich wenden an
um Auskunft bitten
wissen wollen

____
____
____
____
____
____
____

ANTWORTEN

Antwort geben
aufbegehren
bekräftigen
bestätigen
Bescheid geben
dagegen halten
entgegnen
entscheiden
einwenden
Einwand erheben
einwerfen
einwilligen
erwidern
kritisieren
meinen
sich bedanken
überlegen
verbessern
versichern
widersprechen
Widerspruch erheben
wiederholen
zugeben
zustimmen

____
____
____
____
____
____

GEHEN

balancieren
bummeln
drängeln
eilen
flitzen
flüchten
hetzen
hinken
humpeln
huschen
jagen
kriechen
laufen
lahmen
marschieren
schlendern
schleichen
schlittern
schlurfen
schreiten
schwanken
sausen
sich beeilen
stapfen
stelzen
stiefeln
stolpern
stolzieren
stürzen
spazieren
sprinten
spurten
springen
taumeln
tippeln
trampeln
trödeln
waten

MACHEN

anfangen
arbeiten
ausführen
basteln
beenden
beginnen
besorgen
entwickeln
erledigen
erfinden
erneuern
experimentieren
fabrizieren
handeln
helfen
herstellen
herrichten
in die Tat umsetzen
kreieren
leisten
mitmachen
ordnen
organisieren
planen
probieren
reparieren
schaffen
sich anstrengen
sich beschäftigen mit
sich kümmern um
suchen
unternehmen
unterhalten
veranstalten
verrichten
vorhaben
wagen
zubereiten

SEHEN

absuchen
anpeilen
anschauen
auf die Finger sehen
Ausschau halten
aus den Augen verlieren
aus den Augen lassen
ausfindig machen
beäugen
belauern
beschatten
besichtigen
bespitzeln
betrachten
bewundern
blicken
blinzeln
entdecken
erkennen
erspähen
gaffen
glotzen
gucken
im Auge behalten
korrigieren
mustern
registrieren
prüfen
schielen
sichten
spionieren
starren
stieren
studieren
unter die Lupe nehmen
wahrnehmen

KLEIDUNG

altmodisch
angenehm
atmungsaktiv
bestickt
billig
bunt
dreckig
dick
dünn
elastisch
farbig
fleckig
geflickt
gehäkelt
genäht
gepunktet
gestreift
gestrickt
grell
kariert
kaputt
knallig
kratzig
kurzärmelig
kuschelig
langärmelig
modern
modisch
schlabberig
schmutzig
warm
wasserfest
weich
winddicht
zerdrückt
zerknautscht
zerrissen

PERSONEN

abgemagert
abgezehrt
alt
auffallend
aufrecht
ausgemergelt
beleibt
bucklig
bullig
breitschultrig
dick
dünn
gebückt
gewichtig
grazil
groß
hager
jugendlich
jung
klein
männlich
massig
muskulös
schlaksig
schlank
schmal
sportlich
stämmig
stattlich
untersetzt
weiblich

____

____

____

GESICHT

abstehend
blass
blau
blaugrün
bleich
braun
breit
eckig
faltig
fein geschwungen
fleischig
fliehend
fratzenartig
gebogen
gepflegt
grau
grün
hakenförmig
hoch
kantig
knochig
krumm
länglich
lederartig
leuchtend
mandelförmig
markant
oval
pausbackig
rosig
rundlich
spitz
wulstig

____

____

HAARE

aschblond
blond
braun
brünett
buschig
dauergewellt
fettig
fransig
frisch gewaschen
frisiert
gebürstet
gefärbt
geföhnt
gekämmt
gekräuselt
gescheitelt
getönt
glatt
hochgesteckt
kahlköpfig
künstlich
lang
lockig
mit Glatze
mit Geheimratsecken
natürlich
pechschwarz
schwarz
seidig
strohblond
struppig
stachelig
strähnig
wellig
zottig

____

ANGST

angst und bange sein
aschfahl werden
butterweiche Knie
die Sprache verschlagen
der Atem stockt
durch Mark und Bein
eine Gänsehaut bekommen
eiskalt den Rücken runter laufen
fürchten
gelähmt vor Schreck
heiß und kalt zugleich
Herzklopfen
kreidebleich
nass geschwitzt
nicht mehr zu atmen wagen
schlotternde Knie
schreckhaft
schweißgebadet
sich grauen
stocksteif
wie vor den Kopf gestoßen
Wort bleibt im Halse stecken
Zähne klappernd
zittern wie Espenlaub

____

____

____

____

____

____

SPANNUNG

Blitz und Donner
die Minuten schleichen dahin
düster
dunkel
ein Glockenschlag
eine Türklinke bewegt sich
eiskalt
endloses Warten
Fensterläden klappern
Fledermäuse flattern
finstere Gestalten
Geisterstunde
gellende Schreie
Gewitter
Hundegebell
klappernde Zähne
knarrende Treppe
knarzende Dielen
markerschütternde Rufe
merkwürdige Geräusche
Mitternacht
plötzlich
Punkt zwölf
quietschende Türen
Regen prasselt
unbehaglich
unheimliche Schatten
unbekannte Stimmen
Wind heult

____

____

____

____

FREUDE

Arme hochreißen
auf Wolken sieben schweben
ausflippen
außer sich sein
die Welt umarmen
entzückt sein
Freudentränen vergießen
Freudenschreie
freudestrahlend
freundlich
froh
fröhlich
geschmeichelt sein
glücklich
grinsen
gut gelaunt
heiter
himmelhoch jauchzend
humorvoll
hüpfend
jubelnd
lauthals lachen
sich wie im Himmel fühlen
strahlen
überglücklich
vor Freude tanzen

TRAUER

allein sein wollen
den Kopf hängen lassen
einsam sein
heulen
jammern
klagen
kein Interesse mehr zeigen
Krokodilstränen vergießen
lustlos
niemanden mehr sehen wollen
plärren
schluchzen
todtraurig
verlassen fühlen
verzweifelt sein
weinen
wortkarg
zu Tode betrübt sein

SATZANFÄNGE

Auf einmal
Als Nächstes
Am Ende
Am darauf folgenden Tag
Anschließend
Bald
Danach
Dann
Endlich
Gleich darauf
Inzwischen
Kurze Zeit später
Kurz darauf
Nach einer Weile
Nun
Plötzlich
Später
Tags darauf
Zu Beginn
Zuletzt
Zum Schluss
Zunächst
Zwischendurch
Zwischenzeitlich

TEXTANFÄNGE

Am vergangenen Wochenende
An einem wunderschönen Sommertag
An einem eiskalten Wintermorgen
An einem stürmischen Herbstnachmittag
Es war einmal
Es ist schon zwei Wochen her, als
Gestern nach der Schule
Heute Nacht im Traum
In der großen Pause
In den letzten Ferien
Letzte Woche
Letztes Jahr im Mai
Neulich
Vorgestern
Vor nicht allzu langer Zeit
Vor langer Zeit

LANDSCHAFTEN

an der Küste
atemberaubend
bebaut
bewaldet
eben
fantastisch
friedlich
gebirgig
gepflegter Rasen
glatt
grün
hügelig
idyllisch
im Park
imposant
in Mitten von Feldern
ländlich
lieblich
monumental
moorig
parkähnlich
sandig
schön
schroff
städtisch
topfeben
verschmutzt
verschneit
wild
zerfurcht

WEGBESCHREIBUNG

abknickend
am Bahnhof
an der Ampelanlage
an der Kreuzung
ausgewiesener Fußweg
beim Kiosk
beschilderte Strecke
darauf zu gehen
den Schildern folgend
die Vorfahrt beachten
einbiegen
folgen
gerade verlaufend
geradeaus laufen
kreuzen
kurvig
linker Hand
nach links wenden
nach rechts wenden
neben der Haltestelle
queren
rechter Hand
schräg
Spitzkehre
treppab
treppauf
überqueren
umdrehen
umkehren
Unterführung
vorbeigehen
weiterlaufen

Aufsatz-Checklisten

Ist es erlaubt, während eines Aufsatzes oder eines Schreibanlasses alle Hilfsmöglichkeiten heranzuziehen, kommen Angstgefühle und Unsicherheiten erst gar nicht auf, die beste Voraussetzung für eine gelungene Arbeit. Wörterbücher, Wortsammlungen aus dem Unterricht, der oben aufgeführte „Aufsatz-Fächer", Musteraufsätze oder die nachfolgenden Checklisten mit den wichtigsten Schreibregeln als Gedächtnisstütze geben Sicherheit.

Solche Checklisten können auch der Lehrkraft den Umgang mit einem geschriebenen Aufsatz erleichtern. Bei der Bewertung kann sie sich an den vorgegebenen Hinweisen orientieren und sehen, wer mit den Hilfsmitteln gearbeitet und mitgedacht hat. Für jeden befolgten Tipp können Punkte verteilt werden. Wie viele Punkte jeder Tipp der Checkliste erhält, hängt von dem Schwerpunkt des vorangegangenen Unterrichts ab. Selbstverständlich kann davon nicht die ganze Bewertung eines Aufsatzes abhängen. Andere Aspekte wie z. B. Grammatik, Gesamteindruck oder äußere Form spielen eine ebenso wichtige Rolle. Die verteilten Punkte der Checkliste können aber ein hilfreicher Teilaspekt der Gesamtbewertung sein.

Checkliste: Personenbeschreibung

- Beschreibe nur äußere Merkmale und vergleiche Menschen nicht miteinander. (Nicht: Klara Müller ist größer als Fritz Meier und hat längere Haare.)
- Die beschriebene Person darf nicht beleidigt werden.
- Schreibe im Präsens (Gegenwart).
- Beschreibe genau, übertreibe aber nicht.
- Bewährt hat sich folgende Reihenfolge:
  Name – (Adresse) – Geschlecht – Alter – Figur – Gesicht (Stirn, Ohren) – Augen – Haare – besondere Kennzeichen – Kleidung
- Zähle nicht nur auf, sondern verbinde die einzelnen Sätze durch Bindewörter.
- Verwende für das Wort „hat" andere Wörter
  (z. B. trägt, besitzt, ist bekleidet mit, zeichnet sich aus, passt, steht ihm gut).

Checkliste: Bildergeschichte

- Schreibe im Präteritum (Vergangenheit).
- Beantworte in der Einleitung: Wer? Wo? Wann? Was?
- Gliedere in Einleitung, Hauptteil und Schluss.
- Gib allen Personen Namen.
- Beschreibe die Gefühle der Personen.
- Verwende die wörtliche Rede (was denken / sagen die Personen?).
- Finde eine passende Überschrift.
- Schreibe auch, was zwischen den Bildern passiert.
- Verwende abwechslungsreiche Satzanfänge, Verben und Adjektive.

Checkliste: Fantasie- / Erlebniserzählung

- Schreibe im Präteritum (Vergangenheit).
- Teile in Einleitung, Hauptteil und Schluss ein.
- Schreibe auf einen Höhepunkt hin.
- Schreibe spannend (erstaunte Ausrufe, Comicwörter: *zack!, peng!;* Fragen an sich richten: *Was war das?*, Wortwiederholungen: *er kam näher und näher*).
- Verwende abwechslungsreiche Satzanfänge, Verben und Adjektive.
- Erzähle nur von einem Vorfall (keine Nebenhandlungen).
- Versetze dich in die Personen hinein (was haben sie gedacht, gesagt, gefühlt?).
- Finde eine passende Überschrift.
- Verwende die wörtliche Rede (stelle spannende Fragen o. Ä.).

Checkliste: Erörterung

- Gliedere in Einleitung, Hauptteil und Schluss (Einleitungssatz – Überleitungssatz – Kontra-Argumente – Überleitungssatz – Pro-Argumente – Schluss).
- Beleuchte die Frage von allen Seiten (wäge Für und Wider sorgfältig ab, überlege, was spricht für eine gegenteilige Meinung?).
- Finde bei einer kontroversen Erörterung Argumente und Gegenargumente und führe sie in getrennten Blöcken auf.
- Ordne die Argumente steigernd an (das wichtigste/stärkste Argument steht am Schluss).
- Bleibe objektiv und neutral (schreibe deine persönliche Meinung *nur* im Schluss).
- Führe alle wichtigen Gesichtspunkte auf (bisherige Erfahrungen, Tatsachen, allgemein gültige Ergebnisse, Überlegungen, gesicherte Daten …).

Checkliste: Inhaltsangabe

- Schreibe kurz und bleibe sachlich (schreibe nur das Wesentliche und lass alle Nebensächlichkeiten weg).
- Bewerte Personen und Handlungen nicht.
- Denke an die Reihenfolge: Einleitung – Hauptteil – (evtl.) Schluss.

  Einleitung: Angaben über den Autor, Titel, Textgattung, Ort, Zeit, Hauptpersonen, Thema oder Problemstellung in einem Satz

  Hauptteil: chronologisch aufgebaut: Voraussetzung, Ursache, Folge, Wirkung

  Schluss: braucht man nicht immer. Wenn ja, sehr kurze persönliche Stellungnahme
- Verwende *keine* wörtliche Rede.
- Schreibe immer im Präsens (Gegenwart).
- Schreibe in deinen Worten, nicht in denen der Vorlage.
- Wandle eine „Ich-Form" im Text stets in eine „Er-Form" um.

Checkliste: Brief

- Schreibe das Datum in die rechte obere Ecke (Ort, (den) Datum).
- Beginne mit der Anrede.

  Persönlicher Brief: Hallo, liebe/r …

  Geschäftsbrief: Sehr geehrte Frau … Sehr geehrte Damen und Herren
- Schreibe in formalen Briefen Anredepronomen wie Sie, Ihnen, Ihre der Höflichkeit wegen groß.
- Verwende eine neue Zeile, wenn ein neuer Gedankengang beginnt.
- Verwende die geeignete Grußformel:

  Persönlicher Brief: Viele liebe Grüße, Bis bald …

  Geschäftsbrief: Mit freundlichen Grüßen …
- Ende mit deinem Namen.

  Persönlicher Brief: Dein/Deine … und Vornamen

  Geschäftsbrief: Vor- und Zuname

Checkliste: Schilderung

- Sammle als Erstes treffende Ausdrücke (Adjektive, Verben, Substantive) und sprachliche Figuren.
- Eine Schilderung ist nicht in *Einleitung – Hauptteil – Schluss* gegliedert (schreibe aber trotzdem nicht wahllos aneinander).
- Ordne deine Eindrücke steigernd nach der Intensität und entwickle eine Reihenfolge.
- Setze die beherrschenden bzw. zusammenfassenden Eindrücke als Höhepunkt an das Ende deiner Schilderung.
- Male mit deinen Worten. Schreibe gefühlsbetont und ergreifend. Der Leser soll alles nachempfinden können. Deine Sprache soll die gleiche Stimmung beim Leser auslösen, wie du sie selbst empfindest.

Checkliste: Interpretation

1. INHALT
- Wer ist der Autor/ Verfasser des Textes? (Name, biografische Daten, Entstehungszeit des Textes, andere Werke des Autors, ähnliche Werke aus der gleichen literarischen Epoche)
- Wer ist Empfänger? (Zielgruppe: Wen will der Autor ansprechen?)
- Welchen Inhalt hat der Text? (Sachbereich, Überschrift, Gliederung, Argumente, Tatsachen, erster Eindruck als Ausgangslage)
- Vermute nicht, sondern belege deine Vermutungen mit Hinweisen auf den Text.

2. SPRACHE
- Stelle dir vorweg die Frage: Warum sagt es der Autor gerade so?
- Suche auffällige Nomen, Adjektive, Verben (Symbole, Metaphern, Bilder, Vergleiche).
- Gibt es Besonderheiten im Satzbau? (Welche Satzarten werden bevorzugt?)
- Welche Sprache wurde gewählt? (Fachsprache, Jargon, Alltagssprache, Prosa, Vers)

3. FRAGEN AN DEN TEXT
- Ist der Text gut gelungen? (Ist die Absicht erkennbar? Trifft der Text sein Ziel?)
- Wie steht der Autor zum Geschehen und welchen Sinn hat der Text?
- Was will der Autor oder der Verfasser des Textes? Will er überzeugen, manipulieren? Nimmt er den Leser ernst?
- Hat sich mein erster Eindruck bestätigt oder grundlegend verändert?

3 Wege zu einem kreativen Schreibunterricht

Mit einem insgesamt offeneren, handlungs- und produktionsorientierten Deutschunterricht kann es gelingen, auch eingefleischte Schreibmuffel neu zu motivieren. Denn die meisten Kinder haben ihre Abneigung erst im Laufe der Zeit entwickelt und positive Erlebnisse einfach vergessen. Für sie ist Schreiben oft nur noch ein lästiges Übel. Vor allem Diktate oder Abschreibtexte sind ihnen richtiggehend verhasst. Aufsätze aber – oder besser gesagt Geschichten, die ihrer eigenen Fantasie entspringen – haben viele Kinder früher gern aufgeschrieben.

Deshalb halten wir es für notwendig, daran anzuknüpfen und ergänzend alternative Formen des kreativen und freien Schreibens in den Unterricht einzubeziehen. Zudem sollte dem mündlichen Erzählen als wichtiger Sozialform, aber auch als Vorstufe zum Aufschreiben von Gedanken und Geschichten in der Sekundarstufe noch genügend Zeit und Raum gegeben werden. Neben den herkömmlichen Erzählkreisen und Diskussionsrunden eignen sich hier Sprech- und Erzählspiele (siehe Teil A: Sprechen).

Beim Schreiben bieten sich ebenfalls zahlreiche kleine, spielerische Formen an: Lustige, zweckfreie Schreibspiele machen Spaß und motivieren Kinder aller Altersstufen. Eine große Chance, die Schreibbereitschaft zu erhöhen, liegt in der Freude der Kinder an der Arbeit mit dem PC. Schreibaufgaben (Hausaufgaben, Wochenplan usw.), die am Computer gelöst werden dürfen, sind von vornherein beliebt. Dies sollte man sich im Unterricht zunutze machen.

Mündliches Erzählen und Sprachspiele

Beim Schreiben formulieren wir zuerst im Kopf, was wir zu Papier bringen wollen. Wir sortieren unsere Einfälle und Gedanken und führen dabei manchmal sogar richtige Selbstgespräche. Das Erzählen kann man als Stufe oder Phase zwischen dem Gedanken und dem Aufschrieb sehen. Kleine

Kinder erzählen viel und gerne, aber noch nicht strukturiert. Auch Erwachsene verlieren beim Erzählen manchmal den Faden, erklären umständlich oder finden nicht die passenden Worte. Die Fähigkeit, flüssig und verständlich zu erzählen, fliegt uns also nicht zu, sondern kann und muss erlernt werden. Sie ist eine wichtige Voraussetzung, um später Gedanken geordnet aufschreiben zu können, und muss deshalb auch im Unterricht geübt werden.
Geeignete Sprechspiele finden Sie im Teil A: Sprechen.

Lustige Schreibspiele

a. Zungenbrecher, Alliterationen und Reime erfinden

Am einfachsten geht das, wenn (fast) alle Wörter eines Satzes mit demselben Buchstaben beginnen. Wiederholungen von Lauten innerhalb von Wörtern, Alliterationen und Reime eignen sich ebenfalls.

Beispiele:

- Elf Elefanten entfernten einer elfköpfigen Entenfamilie ein Entenei.
- Sieben Seelöwen sehen sechsundsechzig Seesterne schleichen.
- Schlaue Braunbären klauten blitzschnell Blaubeeren.

b. Eine ganze Geschichte als kurzes Telegramm schreiben

Beispiel „Die Bremer Stadtmusikanten“:
alter esel – *stopp* – alter jagdhund – *stopp* – wollen nach bremen – *stopp* – wollen musik machen – *stopp* – treffen alte katze – *stopp* – katze geht mit – *stopp* – treffen alten hahn – *stopp* – alle vier gehen nach bremen – *stopp* – übernachten im wald – *stopp* – sehen räuberhaus – *stopp* – sehen essen auf tisch – *stopp* – haben hunger – *stopp* – machen musik – *stopp* – erschrecken die räuber – *stopp* – räuber fliehen – *stopp* – tiere fressen – *stopp* – räuber kommt zurück – *stopp* – katze kratzt – *stopp* – hund beißt – *stopp* – esel tritt – *stopp* – hahn kräht – *stopp* – räuber flieht – *stopp* – tiere bleiben

c. Gemeinsam eine Geschichte schreiben

Hierzu gibt es verschiedene Möglichkeiten.

- In Partnerarbeit kann im Schreibgespräch eine gemeinsame Geschichte entstehen.

- In Partnerarbeit kann auch ohne mündliche Absprache eine Geschichte entstehen: Immer abwechselnd wird ein Satz aufgeschrieben.
- Eine Person schreibt eine Überschrift auf ein Blatt Papier und beginnt zu erzählen. Nach einem Satz, einem Sinnabschnitt (der Einleitung) oder aber nach einer bestimmten Zeit wird das Blatt an jemand anderen weitergereicht, der nun die Geschichte fortsetzt. Dieser schreibt den nächsten Satz usw. So können parallel Geschichten zum selben oder zu verschiedenen Themen entstehen, z. B. „Der Ausflug in die Tropfsteinhöhle“, „Einbrecher im Haus“, „Das neue Computerspiel“.

d. Inhaltsvorgaben und Hauptpersonen für eine kurze Geschichte auslosen

Sehr abwechslungsreich ist es, die Vorgaben zum Inhalt einmal dem Zufall zu überlassen. Dafür gibt es mehrere Möglichkeiten:

- Die Lehrerin oder ein Schüler zieht aus einem Stapel fünf Wortkärtchen mit Reizwörtern, die in der Geschichte vorkommen müssen.
- Man zieht blind ein Bild (aus Zeitschriften ausgeschnitten, Postkarten, Schülerarbeiten usw.) und schreibt dazu eine Geschichte.
- Die Hauptperson und die Überschrift werden ausgelost (berühmte Personen aus dem öffentlichen Leben, Stars, Hauptfiguren aus bekannten Büchern usw.).
- Die Hauptperson und die Gattung werden ausgelost (Hausfrau, Schlagerstar, Generaldirektor, Marktfrau, Notarzt; Märchen, Krimi, Zeitungsbericht, Brief usw.).
- Zu einer bestimmten Aufgabe werden die inhaltlichen Vorgaben ausgelost (Schreibe einen Krimi! Würfel A: Tageszeit; Würfel B: Personen; Würfel C: Tat; Würfel D: Ort).

Beispiel: Märchen

Es können folgende Vorgaben gezogen und miteinander kombiniert werden:

- zwei dieser Personen: Fee, Hexe, Prinz, Drachen, altes Weiblein, armes Mädchen, Jäger …
- ein Ort: Wald, Fluss, Gebirge, Schloss, Höhle, Hütte …
- ein wichtiger Gegenstand: Kelch, Brunnen, Schwert, Edelstein …
- eine inhaltliche Vorgabe: Mutprobe, Jagd, Reise, Tod, Versprechen, drei Wünsche …

e. ABC-Blätter ausfüllen

Hier sollen die Schüler zu einem bestimmten Thema für jeden Buchstaben einen Begriff finden.

Mögliche Themen sind Tiere, Berufe, Wetter, Weihnachten, Herbst, Märchen, Erfindungen, Fremdwörter usw. Es können auch ganze ABC-Geschichten oder -Gedichte erfunden werden, dann beginnen die Sätze alphabetisch geordnet mit A, B, C ... Als literarische Beispiele können Sie das Urlaubs-ABC von Alfons Schweiggert oder die Lebensläufe von Theo Weinobst heranziehen. Eine Kopiervorlage finden Sie dazu auf S. 156.

Schweiggert, Alfons: Urlaubs-ABC. Aus: ders., Seht, wie die Zeit vergeht. Beltz Verlag, Weinheim und Basel, o. J.

Weinobst, Theo: Lebensläufe. Aus: Experimentelle Texte im Deutschunterricht. Schwann Verlag, Düsseldorf 1976

f. „Stadt / Land / Fluss" spielen

Teilen Sie die Klasse in mehrere Gruppen ein (maximal acht Mitspieler pro Gruppe), die jeweils zusammensitzen sollen. Die Spieler zeichnen sich ihre Tabelle auf und beschriften die Spalten. Die Kategorien können beliebig verändert oder erweitert werden: mit Pflanzen, Tieren, Berufen, Lebensmitteln/Speisen, Stars, Sportlern, aber auch mit Adjektiven, Substantiven, Verben, englischen Vokabeln.

Dann wird entweder für alle Gruppen der gleiche oder jeweils gruppenintern ein anderer Buchstabe ausgelost: Ein Spieler sagt leise das Alphabet auf, ein anderer sagt „Stopp". Nun füllt jeder möglichst schnell seine Tabelle aus, indem er passende Begriffe mit diesem Buchstaben sucht. Der Erste, der alle Spalten ausgefüllt hat, stoppt die Runde. Nun werden die Begriffe verglichen und die Punkte gezählt. Für jedes gefundene Wort gibt es fünf Punkte, hat dieses Wort keiner der anderen Spieler gefunden, gibt es zehn Punkte.

g. Buchstabenspiel

Zu einem ausgelosten Buchstaben und einem vorgegebenen Oberbegriff müssen in einer bestimmten Zeit so viele Wörter wie möglich gefunden und aufgeschrieben werden (Adjektive, Tiere, Namen, alles, was rot oder rund ist, alles, was man tragen kann, usw.). Motivierend ist dabei der Einsatz einer Sanduhr. Auch hier kann man Punkte verteilen und nach mehreren Runden den Sieger ermitteln.

ABC-Blatt

A		N	
B		O	
C		P	
D		Q	
E		R	
F		S	
G		T	
H		U	
I		V	
J		W	
K		X	
L		Y	
M		Z	

h. Faltgeschichten

An der Tafel werden die Vorgaben notiert (siehe Beispiel). Dann schreibt jeder oben auf ein Blatt zur ersten Vorgabe eine Möglichkeit auf und faltet diese nach hinten weg. Das Blatt wird an den Nachbarn weitergereicht. Dieser schreibt die nächste Vorgabe auf, faltet das Blatt nach hinten und gibt es weiter. So wandern die Zettel im Kreis, bis alle Vorgaben ausgefüllt sind. Es ergibt sich am Ende eine lustige Unsinnsgeschichte. Man kann mit besonders gelungenen Texten auch weiterarbeiten und die Klasse bitten, dazu eine längere Geschichte zu schreiben und das Geschehen auszuschmücken.

Beispiel:

1. Zettel:	Vorgaben:	2. Zettel:
Pippi Langstrumpf	(Name / Tier)	Mona Lisa
und Käpt'n Blaubär	und (Name / Tier)	und Robbie Williams
treffen sich am Döner-Stand.	treffen sich (Ort)	treffen sich im Schwimmbad.
Der eine sagt: Wo ist meine Mütze?	Der eine sagt: ____________	Der eine sagt: Hallo Schnuckelbärchen.
Der andere sagt: Wurde aber auch Zeit, dass ich was zu essen kriege!	Der andere sagt: ____________	Der andere sagt: Heute Nachmittag gehe ich spazieren.
Dann nehmen sie ein heißes Bad.	Dann ____________	Dann singen sie „Ab in den Süden".
Am nächsten Tag steht in der Zeitung: Solch ein Skandal! Das Königshaus sollte sich schämen.	Am nächsten Tag steht in der Zeitung: ____________ ____________ ____________	Am nächsten Tag steht in der Zeitung: 12 000 Leute verfolgten das Spektakel mit Spannung.

i. Ein Wörternetz zeichnen

Diese Form der Wortsammlung ist für Themen wie Herbst, Gruselgeschichten, Tiere, Angst usw. gut geeignet. Sie kommt bei den Schülern gut an und motiviert stärker als eine Mind-map. Geben Sie das Schema eines Wörternetzes zum Abmalen an der Tafel vor oder verteilen Sie kopierte Arbeitsblätter. Dann sollen die Schüler möglichst viele passende Begriffe in das Netz eintragen, die später miteinander verglichen werden. Dies ist auch als Hausaufgabe geeignet, um in ein neues Thema einzusteigen. Das Beispiel gehört zum Thema „Spuk um Mitternacht".

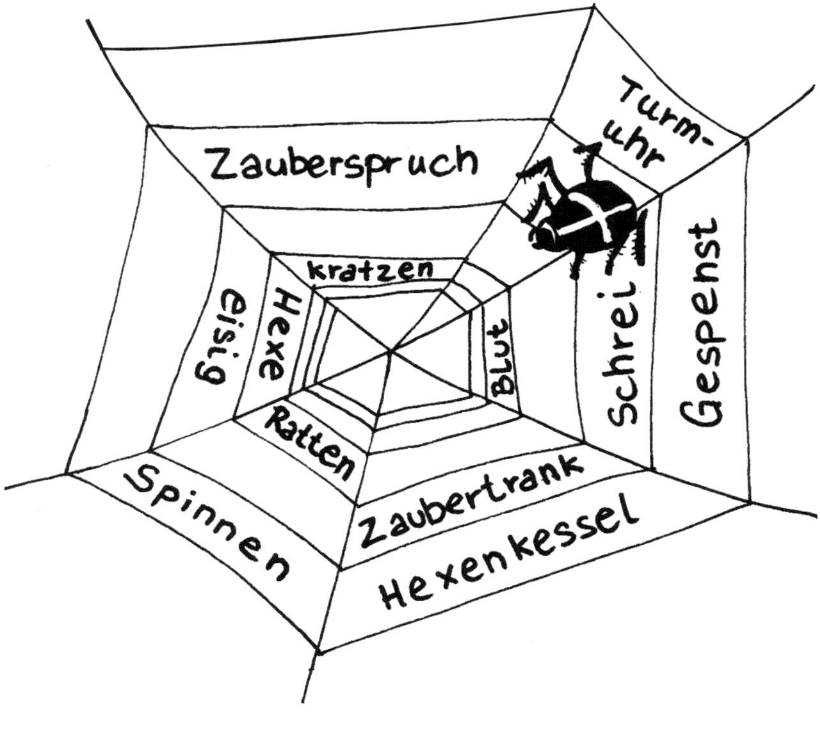

Handlungs- und produktionsorientierte Aufgaben

Texte, ganze Bücher oder Gedichte handlungs- und produktionsorientiert zu erschließen bedeutet, diese nicht nur zu lesen und zu interpretieren, sondern selbst mit dem Text zu arbeiten. Dadurch nimmt man diesen anders wahr, versteht ihn besser oder kann – ausgehend von diesem Text – etwas Eigenes schaffen.

Dieser Ansatz wurde in den letzten Jahren zu einem Schlagwort des modernen Deutschunterrichts. Auf jeden Fall begünstigen die vielfältigen Aufgabenstellungen, die als „handlungs- und produktionsorientiert" bezeichnet werden, einen abwechslungsreichen und motivierenden Deutschunterricht. Denn hinter diesem Begriff verbergen sich zahlreiche Ideen, wie sich Schüler aktiv mit Sprache auseinander setzen können. Oft führen sie ohne großen Aufwand auch für Schüler, die ungern schreiben, zu einem beeindruckenden Erfolgserlebnis und motivieren so, sich weiter auf das Thema „Sprechen, Schreiben, Lesen" einzulassen.

Am Computer können Sie solche Aufgaben mit relativ geringem Aufwand selbst aus beliebigen Texten vorbereiten. Außerdem enthalten die heutigen kombinierten Sprach- und Lesebücher viele gute Beispiele.

Mit dem Text selbst arbeiten

a. Einen zerschnittenen Text wieder zusammensetzen

Diese Aufgabe ist sehr schnell vorzubereiten, selbsterklärend und gut in Partner- oder Gruppenarbeit zu lösen. Dazu entweder ein Arbeitsblatt mit Textteilen in falscher Reihenfolge von den Schülern selbst zerschneiden lassen oder Umschläge mit Papierschnipseln austeilen. Zum Zerschneiden werden die Teile so angeordnet, dass sie mit geraden Schnitten getrennt werden können, also möglichst gleich große Kästchen mit dem Text.

Man kann auch am Tageslichtprojektor Folienabschnitte hin und her schieben lassen, bis der Text zusammenpasst. In diesem Fall arbeitet die ganze Klasse zusammen. Eine zusätzliche Möglichkeit besteht darin, ein Textpuzzle nur mit den Augen lösen zu lassen (siehe auch unser Beispiel).

Geeignet sind Sinnsprüche, die in einzelne Worte zerlegt werden, Gedichte in einzelnen Zeilen und Kurzgeschichten oder Fabeln in Abschnitten. Als zusätzliche Aufgaben können die Schüler eine passende Überschrift finden.

Schritt.	die	entsteht	Gehen,	auch	längste	Der
beim	Weg	Reise	aber	beginnt	ersten	beim

Lösung: Der Weg entsteht beim Gehen, aber auch die längste Reise beginnt beim ersten Schritt.

b. Aus allen Wörtern eines Textes durch Neuordnung einen eigenen Text entwickeln

Dazu wird der Ursprungstext (Gedicht, Zeitungsartikel usw.) in Sätze, einzelne oder mehrere Wörter zerschnitten. Daraus sollen die Schüler dann in Einzel- oder Partnerarbeit einen eigenen neuen Text zusammensetzen. Dabei dürfen sie unpassende Teile weglassen, einzelne Buchstaben oder eigene Wörter ergänzen.

Beispiel „Der herr der insel" von Stefan George (aus: Echtermeyer/von Wiese, Deutsche Gedichte, August-Bagel-Verlag, Düsseldorf 1966):

Ursprungstext:

Der herr der insel

Die fischer überliefern, dass im süden
Auf einer insel reich an zimmt und öl
Und edlen steinen die im sande glitzern
Ein Vogel war der wenn am boden fussend
Mit seinem schnabel hoher stämme krone
Zerpflücken konnte – wenn er seine flügel
Gefärbt wie mit dem saft der Tyrer-schnecke
Zu schwerem niedren flug erhoben: [...]

Schülertext:

Ein Vogel war	auf	hoher stämme krone
im süden	auf einer insel reich an	edlen steinen
Gefärbt	wie	zimmt und öl

[...]

c. Zwei ineinander verwobene Texte wieder entflechten

Jeder bekommt eine Kopie mit den verwobenen Texten. Die verschiedenen Texte werden zuerst mit unterschiedlichen Farben markiert und anschließend in richtiger Reihenfolge aufgeschrieben.
Hier finden Sie zwei Beispiele für bereits verwobene Gedichte:

Matthias Claudius,
Der Mond ist aufgegangen

Karl Enslin,
Guter Mond, du gehst so stille

Der Mond ist aufgegangen
Guter Mond du gehst so stille
Die goldnen Sternlein prangen
Am Himmel hell und klar
Durch die Abendwolken hin.
Bist so ruhig, und ich fühle
Der Wald steht schwarz und schweiget
Und aus den Wiesen steiget
Dass ich ohne Ruhe bin.
Der weiße Nebel wunderbar.
Traurig folgen meine Blicke
Wie ist die Welt so stille
Und in der Dämmrung Hülle
Deiner stillen, heitren Bahn
So traulich und so hold
Oh, wie hart ist das Geschicke,
Als eine stille Kammer,
Wo ihr des Tages Jammer
Dass ich dir nicht folgen kann.
Verschlafen und vergessen sollt

Eduard Mörike,
Er ist's

Heinrich Heine,
Leise zieht durch mein Gemüt

Frühling lässt sein blaues Band
Leise zieht durch mein Gemüt
wieder flattern durch die Lüfte;
liebliches Geläute,
klinge, kleines Frühlingslied,
süße, wohlbekannte Düfte
streifen ahnungsvoll das Land.
kling hinaus ins Weite.
Kling hinaus bis an das Haus,
Veilchen träumen schon,
wo die Blumen sprießen.
wollen balde kommen.
Wenn du eine Rose schaust,
– Horch, von fern ein leiser Harfenton!
Frühling, ja du bist's!
sag, ich lass sie grüßen.
Dich hab ich vernommen.

d. Ein Gedicht, das als Prosa notiert ist, wieder richtig nach Versen gliedern

Verkehrte Welt *(Verfasser unbekannt)*
Dunkel war's, der Mond schien helle, Schnee lag auf der grünen Flur, als ein Wagen blitzesschnelle langsam um die Ecke fuhr. Drinnen saßen stehend Leute schweigend ins Gespräch vertieft, als ein totgeschossner Hase auf der

Sandbank Schlittschuh lief. Und der Wagen fuhr im Trabe rückwärts einen Berg hinauf. Droben zog ein alter Rabe grade eine Turmuhr auf. Und ein blondgelockter Jüngling mit kohlrabenschwarzem Haar saß auf einer blauen Bank, die rot angestrichen war.

Die Frösche *(Johann Wolfgang von Goethe)*
Ein großer Teich war zugefroren: Die Fröschlein in der Tiefe verloren, durften nicht ferner quaken noch springen, versprachen sich aber, im halben Traum, fänden sie nur da oben Raum, wie Nachtigallen wollten sie singen. Der Tauwind kam, das Eis zerschmolz, nun ruderten sie und landeten stolz und saßen am Ufer weit und breit und quakten wie vor alter Zeit.

e. Lückengedicht

Die Lücken in einem Gedicht müssen mit den Originalworten oder -sätzen oder frei mit eigenen Einfällen gefüllt werden. Im ersten Fall werden die Wörter für die Lücken vorgegeben, die dann sinnvoll zugeordnet werden müssen. Für höhere Klassen ist es spannender und anspruchsvoller, das Arbeitsblatt mit den Leerstellen frei ausfüllen zu lassen. Bei unserem Beispiel waren links Leerstellen vorgegeben, die mit dem richtigen Text zu füllen waren (hier unterstrichen). Der rechte Text ist dagegen eine freie Arbeit.

Jetzt fängt das schöne Frühjahr an
(Volksgut)

Jetzt fängt <u>das</u> <u>schöne</u> <u>Frühjahr</u> an
und alles fängt zu <u>blühen</u> an
<u>auf</u> <u>grüner</u> <u>Heid</u> und überall.

Es <u>wachsen</u> <u>Blümlein</u> auf dem <u>Feld</u>,
sie <u>blühen</u> <u>weiß</u>, <u>blau</u>, <u>rot</u> und <u>gelb</u>,
es gibt nichts <u>Schöneres</u> auf dieser Welt.

Jetzt geh ich <u>über</u> <u>Berg</u> und <u>Tal</u>,
da <u>hört</u> man schon <u>die</u> <u>Nachtigall</u>
auf <u>grüner</u> <u>Heid</u> und überall.

Schülertext: FERIEN

Jetzt fängt *die Ferienzeit bald* an
und alles fängt zu *jubeln* an
in der Schule und überall.

Es *laufen alle* auf dem *Hof*,
sie *rufen juhu, auf* und *los*
es gibt nichts *Besseres* auf dieser Welt.

Jetzt geh ich *oft zum Baggersee*
da *sieht* man schon *den Sonnenbrand*
auf *Rücken, Gesicht* und überall.

Arbeitsblatt: Lückengedicht

Jetzt fängt ________ ____________ ____________________ an

und alles fängt zu ____________________ an

______________ ______________ ______________ und überall.

Es ______________ ______________ auf dem ______________ ,

sie ______________ __________ , __________ , __________ und __________ ,

es gibt nichts ____________ auf dieser Welt.

Jetzt geh ich __________ __________ und __________ ,

da __________ man schon __________ ____________________

auf ____________________ ____________________ und überall.

Setze die Wörter an den passenden Stellen im Text ein:

blühen	Heid	auf	gelb	schöne	das	die	Nachtigall
Heid	über	Feld	grüner	wachsen	Tal	hört	grüner
blau	Berg	Blümlein	blühen	Schöneres	rot	weiß	Frühjahr

f. Montage-Gedichte und Textcollagen zu einem Thema erstellen

Bei Textcollagen werden einzelne Sätze, Wörter und Abschnitte verschiedener Gattungen ineinander montiert. Jüngeren Schülern werden die Ausgangstexte vorgegeben, ältere Schüler können sich diese zu einem Thema selbst suchen. Es ist auch möglich, die Sätze eines Textes mit eigenen Gedanken zu ergänzen. Bei Textcollagen ist die Herkunft der Teile wie bei einer Bildcollage noch zu erkennen. Darin liegt der Unterschied zum Montagegedicht, wo mehrere Gedichte zu einem neuen, eigenen zusammengestellt werden. Sätze, Textpassagen und einzelne Wörter werden ausgeschnitten, neu zusammengestellt und aufgeklebt. Reizvoll ist es, in die Collage zusätzlich passende Bilder zu integrieren!

Bei Montagegedichten verwenden die Schüler ebenfalls Textzeilen und -abschnitte aus verschiedenen Texten und Gedichten und montieren sie zu einem neuen Werk. Hierbei muss die Herkunft der Teile nicht mehr erkennbar sein. Dazu können zwei verschiedene Gedichte zu einem Thema vorgeben sein, deren Zeilen verwendet werden sollen.

Beispiel 1: Textcollage zum Thema Wald (Idee nach Julia Rein)

Zeitungsartikel
Zwanzig Eichen am Hohenegg
sollen gefällt werden.
Sie stehen unter Naturschutz.
Die Bäume seien bruchgefährdet und
somit eine Gefahr für Spaziergänger.
Den Sturmtagen Ende Dezember
fielen bereits 800 Festmeter Holz
im Gemeindewald
zum Opfer.

Arbeitsauftrag 1:
Zerschneide den Zeitungsartikel in einzelne Zeilen. Schreibe nun in jede zweite Zeile ein Wort oder einen Gedanken zum Thema Wald. Lege dann die Papierstreifen in die freien Zeilen. Wenn du mit deinem Text zufrieden bist, klebe die Streifen auf.

Arbeitsauftrag 2:
Lies dir den Artikel durch. Schreibe nun in jede zweite Zeile ein Wort oder einen Gedanken zum Thema Wald. Nimm noch einmal den Zeitungstext und schau dir jede Zeile genau an. Entscheide, auf welche Wörter du verzichten kannst, und streiche sie durch. Schneide dann die restlichen Wörter oder Zeilen-Bruchstücke aus und lege sie so in die freien Gedichtzeilen, bis du es stimmig findest.

Ergebnis 1

Zwanzig Eichen am Hohenegg
mein Wald
sollen gefällt werden.
Sauerstofffabrik
Sie stehen unter Naturschutz.
Eichen, Buchen
Die Bäume seien bruchgefährdet
Farn und Moos
und somit eine Gefahr für Spaziergänger.
Vogelzwitschern
Den Sturmtagen Ende Dezember
Tannenduft
fielen bereits 800 Festmeter Holz
Ruhe
im Gemeindewald
der Mensch braucht den Wald
zum Opfer.

Ergebnis 2

Zwanzig Eichen am Hohenegg
Motorsägen kreischen
werden gefällt.
Waldarbeiter
Naturschutz. Die Bäume
Grün, voll Lebenskraft
seien bruchgefährdet.
Blätterrascheln
und somit eine Gefahr für Spaziergänger
Herbstlaub
Sturmtage Ende Dezember
Äste brechen
fielen
Wipfel
im Gemeindewald
Stille
zum Opfer.

Beispiel 2: Textcollage zum Thema Ernährung
Es wurden drei Texte vorgegeben:

Kartoffellied (Matthias Claudius)

Das süße Zeug und Leckerbrot
Verdirbt nur Blut und Magen.
Die Köche kochen lauter Not.
Das lasst euch nur mal sagen.

Schön rötlich die Kartoffeln sind
Und weiß wie Alabaster!
Sie dampfen lieblich und geschwind
und sind für Mann und Frau und Kind
ein rechtes Magenpflaster.

Kartoffel *(aus einem Lexikon)*

(Erdapfel, Erdbirne, Grundbirne),
ein Nachtschattengewächs, dessen Heimat
in den Kordilleren von Peru und Chile liegt.
Einjährige, krautige Pflanze.
Weiße oder violette Blüten, Beerenfrüchte giftig.
Unterirdische Knollen.
Gelangte im 16. Jh. nach Europa.
Setzte sich anfangs nur langsam durch.
Heute Volksnahrungsmittel.

Zeitungsartikel: Immer mehr Kranke durch Essen

Wenn die Menschen in den Industrieländern ihre Ernährung nicht umstellen, könnten im Jahr 2020 chronische Krankheiten weltweit für drei Viertel aller Todesfälle verantwortlich sein, sagen Forscher der Weltgesundheitsorganisation. Bei den Risikofaktoren spiele die Nahrung eine Schlüsselrolle. Um chronischen Krankheiten vorzubeugen, müsse man die Ess- und Lebensgewohnheiten ändern: weniger Salz, Zucker und gesättigte Fettsäuren, dafür mehr frisches Obst und Gemüse – und eine Stunde leichte Bewegung täglich. Die Forscher schlagen Alarm, weil die Menschen, die unter Übergewicht und Diabetes leiden, immer jünger werden.

Ergebnis:

Die Köche kochen lauter Not.
Die Forscher schlagen Alarm,
Das lasst euch nur mal sagen.
weil die Menschen,
die unter Übergewicht leiden,
immer jünger werden.
Das süße Zeug und Leckerbrot
Verdirbt nur Blut und Magen.
Weniger Salz und Zucker,
dafür mehr frisches Obst und Gemüse –
(Erdapfel, Erdbirne, Grundbirne),
und eine Stunde Bewegung täglich.
Schön rötlich die Kartoffeln sind
Unterirdische Knollen.
Und weiß wie Alabaster!
Volksnahrungsmittel
Sie dampfen lieblich und geschwind
und sind für Mann und Frau und Kind
ein rechtes Magenpflaster.

g. Reduzieren eines Textes

Ein Ausschnitt aus einem Text wird durch Reduzieren in ein Gedicht verwandelt.

Beispiel: Auszug aus einem Text im Lesebuch als Ausgangspunkt

Ich erinnere mich genau an den einen Tag in Italien, als wir diese römischen Ruinen anschauten. Es war heiß. Wind war da, heißer Wind, wie's ihn hier gar nicht gibt. Der Himmel blau (wie hier niemals), fast dunkelblau. Es duftete nach den vielen Kräutern, die dort wachsen. Sie haben Traum-Namen. Rosmarin, Basilikum, Oregano, Thymian. …
Ich saß allein auf einem Steinblock, der vor langer Zeit einmal eine Türschwelle war. Vor mir die Steinvierecke, zwischen denen Grasbüschel wuchsen – vor langer Zeit war das mal eine Straße. Ich döste vor mich hin in der heißen Sonne. Die Schritte meiner Eltern entfernten sich weiter, immer weiter. Nur die Zikaden surrten diesen gleich bleibenden Metallton. Sonst war es still.

(*Susanne Kilian*, Die Zeit und ich darin. Aus: Gelberg, H.-J. (Hrsg.): Der fliegende Robert. Viertes Jahrbuch der Kinderliteratur. Weinheim und Basel 1977)

Arbeitsauftrag:

- Unterstreiche beim Durchlesen Wörter und Satzteile, die dir gefallen oder wichtig scheinen.
- Schreibe diese heraus.
- Lies durch, was so entstanden ist.
- Spiele mit den Wörtern!
- Streiche durch, was noch zu viel ist. Vielleicht brauchst du auch noch andere Sätze von oben, die kannst du nachträglich einflicken. Du darfst auch die Reihenfolge verändern oder eine andere Zeitform benutzen.
- Schreibe jetzt alles in der Form eines Gedichts auf.
- Verändere deinen Text so lange, bis er dir gefällt.

Zwei Schülerergebnisse aus Klasse 8

Ein Tag in Italien.
Hitze und Wind.
Der Himmel blau, fast dunkelblau.
Es duftet nach Kräutern:
Rosmarin, Basilikum und Thymian.
Ich döse in der heißen Sonne.
Nur die Zikaden surren.

Es ist heiß.
Ich sitze auf einem Steinblock und die Sonne brennt.
Es duftet nach den vielen Kräutern, die dort wachsen: Basilikum, Thymian, Oregano, ...
Die Schritte meiner Eltern entfernen sich weiter, immer mehr.
Nur die Zikaden surren, sonst ist alles still. Mir ist so fabelhaft, dass man es nicht in zwei Wörtern beschreiben kann.

h. Gedicht vervollständigen

Zu einem Gedicht wird nur ein grobes Gerüst, eine Art Wortgitter, vorgegeben, die Schüler vervollständigen es, indem sie die Worte drum herum ergänzen.

Beispiel:

Wortgitter

Baumwipfel
wiegen
vor
platzen
Liebe

Ergebnis 1

Die **Baumwipfel**
wiegen sich im Wind
vor Glück
könnte ich **platzen**
Das ist **Liebe**.

Ergebnis 2

Auf dem **Baumwipfel**
sitze ich, mich **wiegend**,
vor und zurück, deinen Luftballon
in der Hand. Er soll nicht **platzen**, er steht
für unsere **Liebe**.

i. Gedichte aus Textangeboten basteln

Auf einem Arbeitsblatt oder einer Folie werden Bausteine angeboten, aus denen ein Gedicht kombiniert werden soll. Für jeden Baustein stehen drei Ausdrücke zur Wahl. Es stehen auch drei Vorschläge für den Titel zur Verfügung, die jeweils den Tenor und damit auch die Wortwahl beeinflussen können. Man kann aber auch eine eigene Überschrift wählen.

Die Arbeitsblätter sind am Computer einfach in einer Tabelle zu erstellen. Ältere Schüler können sogar selbst Arbeitsblätter mit den Bausteinen für ihre Mitschüler entwickeln.

Beispiel:

Überschriften:
Lautlos
Einsam
Verträumt

Das ist die Das ist die Das ist die	finstere weite herrliche	Nacht. Welt. Ruhe.	
Inmitten der Inmitten der Inmitten der	funkelnden tiefen ewigen	Sterne Dunkelheit Abendstille	
des des des	Universums Nachthimmels Mondscheins		
kreisen schleichen ruhen	die die die	Gedanken Träume Wünsche	
in den zwischen den auf den	müden weichen wachen	Köpfen Lüften Kissen	der Menschen. des Friedens. der Zeit.

Ergebnis:

Lautlos
Das ist die herrliche Nacht.
Inmitten der funkelnden Sterne
des Universums
kreisen die Träume
auf den weichen Kissen der Menschen.

Texte inspirieren zu eigenen Texten

a. Parallelgedichte/-texte schreiben

Zu einem Liedtext oder einem Gedicht wird ein Paralleltext entwickelt, der sich in Form und Inhalt am Vorbild orientiert. Geeignete Texte finden Sie in Sprach- und Lesebüchern aller Altersstufen. Geeignet sind (siehe Literaturverzeichnis):

- „Fragen im Oktober“ von James Krüss
- „Frühling“ von Christine Nöstlinger
- „Sommer“ von Ilse Kleberger
- „Naturbeschreibung“ von Gerhard Rühm
- „Blau und Grün“ von Robert Gernhardt
- „Steht noch dahin“ von Marie-Luise Kaschnitz
- „Urlaubsfahrt“ von Hans Adolf Halbey
- „An die Eltern“ von Klaus Konjetzky
- „Inventur“ von Günther Eich
- „Grün“ von Arthur Steiner
- „Stundenplan“ von Jochen Unbehaun

Beispiel: Paralleltexte zum Liedtext „Männer“ von Herbert Grönemeyer, aus einer 8. Klasse

Frauen sind eitel
Frauen sind schön
Frauen machen alles immer ganz genau.
Frauen kriegen Kinder.
Frauen sind mutig
Frauen schwätzen immer
Frauen kochen besser als Männer
Frauen sind einfach gut.
(Dina und Anja, Klasse 8)

Frauen geben Zärtlichkeit.
Frauen kennen sich nicht in Sachen Technik aus.
Frauen sind so pingelig.
Frauen haben auch one-night-stands.
Frauen sagen immer die „Wahrheit“.
Frauen brauchen zehn Stunden im Bad.
Frauen bestechen durch ihre Liebe.

Frauen nehmen's locker.
Frauen sind zerbrechlich.
Frauen kriegen Kinder.
Frauen haben's furchtbar schwer.
Frauen stoßen gegen die Wand.
Frauen waschen Wäsche.
Frauen sind schon als Babys süß.
Frauen rauchen Männer in der Pfeife.
Frauen führen keine Kriege
Frauen haben schönes Haar.
Frauen sind unverletzlich
Frauen sind auf dieser Welt einfach unersetzlich.
(Christoph und Amanuel, Klasse 8)

Frauen sind die Besten,
Frauen sind die Schönsten,
Frauen sind sexy
und manchmal hexen sie.
Frauen sind verletzlich
und auf jeden Fall unersetzlich.
Eines Tages beherrschen Frauen die Welt und tun fast alles für Geld.
(Nicole, Klasse 8)

Männer haben Muskeln – Frauen haben Busen.
Männer sind furchtbar stark – Frauen sind furchtbar schwach.
Männer können alles – Frauen auch.
Männer kriegen'n Herzinfarkt – Frauen rufen den Arzt.
Männer sind einsame Streiter – durch die Wand, nicht weiter,
müssen durch jede Wand,
müssen immer weiter.
(Heinrich und Peter, Klasse 8)

b. Alternativer Schluss

Die Schüler sollen für einen Text ein anderes Ende erfinden, dies kann eine einzelne alternative Gedichtzeile sein, aber auch ein komplettes Kapitel, das eine Lektüre abschließt.

c. Perspektivwechsel

Die Schüler versetzen sich hierzu in eine andere Person, ein Lebewesen, eine literarische Figur. Was denkt zum Beispiel Goethes Meister, als er nach Hause kommt („Zauberlehrling")? Oder wie fühlte sich wohl ein alter Römer in einer modernen Stadt?

Beispiel: Die Welt aus der Sicht eines Frosches

Weltbild eines Frosches

Alles ganz ruhig hier. Nichts bewegt sich, nichts zu sehen. Ich sitze hier schon seit Stunden und es kommt nicht mahl ein Fisch oder eine Kröte vorbei. Sogar nicht mahl eine Fliege die ich fressen kann. Ich fiende es hier voll Langweilieg ich gehe an einen anderen ort vielleicht hats da ja was zufressen. Ach jetz seh ich was eine Fliege kommt vorbei. Schub Schub jetzt hab ich sie, mm, leger.

Sabrina Kl. 6

Weitere Aufgaben, die sich auch zum Erarbeiten einer Lektüre eignen

- sich in eine andere Person hineinversetzen, in dieser Rolle Monologe/Dialoge führen
- zu einer Person eine Vorgeschichte schreiben
- einen Tagebucheintrag, einen inneren Monolog oder einen Brief für eine Person schreiben
- ein Telefongespräch/einen Dialog erfinden
- eine Person in eine andere Welt oder Zeit versetzen
- eine Situation in eine andere Zeit verlegen
- einen Text in einem anderen Stil nacherzählen
- einen Text aus veränderter Perspektive erzählen
- Texte mit Zwischenzeilen oder Kommentaren verändern

Kreatives Schreiben: Kreative, gebundene Formen

Zum Einstieg in die Produktion eigener freier Texte eignen sich besonders gut kleine überschaubare Formen wie Pfenniggeschichten oder Akrostichons, bei denen schon mit wenig Schreibaufwand Erfolge erzielt werden können. Paralleltexte und -gedichte, Elfchen und Rondelle mit klaren Strukturvorgaben bieten Sicherheit und erleichtern Kindern das Schreiben eigener Texte.

Diese Formen finden sich deshalb mittlerweile auch in vielen Deutschbüchern, trotzdem möchten wir hier einige noch einmal vorstellen, da sie auch dem Lehrer den Einstieg in einen handlungs- und produktionsorientierten Unterricht erleichtern.

a. Akrostichon

Zu jedem Buchstaben eines Wortes (Name, Thema) wird ein inhaltlich passender Begriff oder Satz gesucht. Die Buchstaben müssen nicht unbedingt die ersten der neuen Wörter sein, sondern können auch in der Mitte stehen.

Beispiele:

WILDSCHWEIN
AMEISE
LAUB
DACHS

PUSTEROHR
BRUD**E**R
TORWART
M**E**ISTER
RENNRAD

MARIENHOF
ANNA
RUHE
ENGLISCH
INSEL

WEIHNACHTEN
E**I**SIG
SCHLITTE**N**
TANNE
SCHN**E**E
RUTSCHIG

Eine witzige Ergänzung ist es, anschließend aus den Wörtern eine kurze zusammenhängende Geschichte zu erfinden, besonders wenn das Blatt dazu mit dem Nachbarn getauscht wird.

b. Satzvariationen *(nach Walter Hövel)*

Dazu wird in drei oder mehr Zeilen der gleiche Satzanfang untereinander aufgeschrieben und dann vervollständigt. In der letzten Zeile wird dann der Anfang verändert, sodass ein Abschlusssatz entsteht. Die Zeilen können auch mit dem gleichen Fragewort oder einer Redewendung beginnen.

Beispiele:

Gestern stand ich früh auf.
Gestern war ich viel unterwegs.
Gestern traf ich meine Freunde.
Gestern habe ich mich geärgert.
Gestern habe ich mich gestritten.

Heute bleibe ich lieber zu Hause.

Im Schwimmbad war es sehr voll.
Im Schwimmbad bin ich vom 5-Meter-Brett gesprungen.
Im Schwimmbad habe ich ihn gesehen.

Hoffentlich ist er morgen auch wieder da!

Wer ist der dreieinige Gott?
Wer ist der Vater?
Wer ist der Sohn?
Wer ist der Heilige Geist?

Ob irgendjemand die Antwort darauf weiß?

Du sagst, ich soll lernen.
Du sagst, ich soll zu Tante Else gehen.
Du sagst, ich soll dir helfen.
Du sagst, ich soll Klavier üben.

Aber ich will lieber lesen.

c. Drum herum dichten *(nach Walter Hövel)*

In die Mitte eines Blattes wird mehrfach untereinander dasselbe Wort geschrieben. Geeignet sind: und, oder, weil, für, bei. Um jedes der Wörter herum wird jetzt ein Satz vervollständigt. Auch hier kann ein Abschlusssatz den Text abrunden.

Beispiele:

Ich freue mich, *weil* es dich gibt.
Ich singe laut, *weil* ich dich habe.
Ich lache, *weil* du witzig bist.
Ich träum von dir, *weil* ich dich liebe.

Fernsehen *oder* ausgehen
naschen *oder* tanzen
Einsamkeit *oder* Gemeinschaft
weinen *oder* lachen

Nehmt mich doch mal mit!

d. Elfchen

Elfchen sind kurze Gedichte aus elf Wörtern mit genau vorgegebenem Bauplan in fünf Zeilen. Auch in der Sekundarstufe sind Elfchen noch gut einzusetzen.

Der Bauplan ist:

(ein Wort)	gelb	___
(zwei Wörter)	die Sonne	___ ___
(drei Wörter)	am blauen Himmel	___ ___ ___
(vier Wörter)	ich fühle ihre Wärme	___ ___ ___ ___
(ein Wort)	Sommer	___

e. Rondell

Wie bei einem Rondo in der Musik kehren bei einem Rondell bestimmte Zeilen immer wieder. Insgesamt hat das Gedicht eine Überschrift und acht Zeilen, die jeweils aus einem vollständigen Satz bestehen. In der zweiten, der vierten und der siebten Zeile dieses Gedichts steht immer der gleiche Satz.

Der Informationstext unten ist zum Einstieg mit den Schülern gedacht, wobei es sich anbietet, zuvor ein Rondell vorzutragen und das typische Kennzeichen dieses Gedichts herausfinden zu lassen.

Das Arbeitsblatt hilft, ein erstes eigenes Rondell zu verfassen, oder dient der Erinnerung, wenn die Einführung weiter zurück liegt. Bewährte Themen sind:

- In der Schule.
- Es ist Herbst.
- Es sind Ferien.
- Ich bin traurig.

Bauplan eines Rondells

Der Name und die Form eines Rondellgedichts sind bei einem Musikstück abgeschaut.
Ein Rondo ist ein Musikstück, bei dem bestimmte Melodieteile immer wieder vorkommen.
Ein Rondell ist also ein Gedicht, bei dem eine Zeile regelmäßig wiederkehrt.
Deshalb steht in der zweiten, der vierten und der siebten Zeile dieses Gedichts immer der gleiche Satz. In den anderen Zeilen stehen verschiedene Sätze, die dazu passen. Insgesamt besteht das Gedicht aus einer Überschrift und acht Sätzen.

Überschrift Heimweh

1	beliebiger Satz:	Erst eine Woche vorbei.
②	REFRAIN	Ich will nach Hause.
3	beliebiger Satz	Das Essen schmeckt nicht.
④	REFRAIN	Ich will nach Hause.
5	beliebiger Satz	Kein Mensch ruft mich an.
6	beliebiger Satz	Post kriege ich auch keine.
⑦	REFRAIN	Ich will nach Hause.
8	Abschlussatz	Und immer noch 2 Wochen!

Arbeitsblatt: Schulrondell

Schreibe ein Rondell zum Thema Schule. So geht's!

- Wähle einen Satz aus (oder nimm einen eigenen)!

Bald ist Pause.
Die Ferien sind vorbei.
Wir sind in der Schule.
Schule ist schön.
Hoffentlich klingelt es bald.

- Schreibe diesen Satz in die zweite, vierte und siebte Zeile (immer den gleichen Satz)!
- Schreibe jetzt in die restlichen Zeilen fünf eigene ganze Sätze, die den Schulalltag beschreiben!
- Lies dein Gedicht noch einmal durch (leise und laut)!
- Ändere die Stellen, die dir noch nicht gefallen!

In der Schule

1	
2	
3	
4	
5	
6	
7	
8	

f. Haiku

Bei dieser Gedichtform aus Japan ist nicht die Anzahl der Wörter oder Zeilen, sondern die der Silben entscheidend. Ein Haiku ist ein dreizeiliges Gedicht, das aus exakt 17 Silben besteht. Auch die Verteilung der Silben hält sich an einen strikten Bauplan. Dadurch erhält es einen knappen, puristischen, japanisch anmutenden Charakter. Ein Haiku enthält oft in der letzten Zeile eine inhaltliche Wende oder einen Bruch. Die Themen befassen sich meist mit der Natur und den Jahreszeiten.

Bauplan
1. Zeile: 5 Silben
2. Zeile: 7 Silben
3. Zeile: 5 Silben

Beispiele:

Unser Haus ist schön.

Rosen wachsen im Garten.

Der Sommer vergeht.

Das Wasser ist seicht.

Schiffe wiegen sich im Wind.

Der tote Fisch stinkt.

Die Nacht ist eisig.

Sterne funkeln am Himmel.

Der Atem gefriert.

g. Gedichte nach dem Vorbild von „avenidas" *(von Eugen Gomringer)*

In Anlehnung an das Gedicht „avenidas" (Straßen) von Eugen Gomringer kann auch nach folgendem Bauplan zu beliebigen Themen ein Gedicht entstehen. Dazu werden vier Substantive zu einem Thema gesucht und nach einem bestimmten Prinzip eingesetzt. Das Arbeitsblatt kennzeichnet dies durch verschiedene Markierungen.

Beispiel:

Meer

Meer
Meer und Küste

Küste
Küste und Wellen

Meer
Meer und Küste und Wellen

und ein Schiff.

Arbeitsblatt: „avenidas“ – ein Gedicht basteln

Wähle vier Substantive zum Thema aus und trage sie in die Kästen unten ein.

Der gleiche Rahmen bedeutet das gleiche Wort!

Übe, den Text wie ein Gedicht zu lesen.

und

und

und und

und ein/e .

h. Miniaturgeschichte

Bei einer Miniaturgeschichte schreiben die Kinder mit drei vorgegebenen Wörtern einen Minitext.

Beispiel:

Eis – Auto – Glück
Gestern bin ich vor unserem Haus
auf dem Eis geschlittert und
genau vor ein Auto gerutscht.
Aber ich hatte noch einmal Glück.
Das Auto hat rechtzeitig bremsen können.

Freies kreatives Schreiben

Wir haben beobachtet, dass die meisten Kinder, gerade auch in und nach der Pubertät, am liebsten Texte verfassen, in denen sie selbst die Richtung bestimmen können. Ein großer Vorteil des freien Schreibens liegt gerade darin, dass die Kinder selbst über die Länge und den Stil ihres Textes entscheiden. Ein Richtig oder Falsch gibt es bei freien Texten nicht. Auch ungewöhnliche und auf den ersten Blick unlogische Texte können ihren Sinn haben – wer kennt schon die Sinneseindrücke einer Möwe? Nach kurzem Zögern lassen sich die Schüler deshalb für freie, kreative Aufgaben oft regelrecht begeistern. Als Einstieg für unsichere Schüler bietet es sich an, gemeinsam Wörter zu sammeln und erste Sätze zu Bildern aufzuschreiben. Kinder, die dies nicht brauchen, sollten gleich drauflos schreiben dürfen, da sie sonst eher gebremst werden.

Immer wieder ist es beeindruckend, wie verschieden die Ergebnisse sind und wie sehr sich die Persönlichkeit der Schüler in diesen Werken zeigt. Eigenwilligkeit und Subjektivität sind auch Ziele des freien Schreibens. Eine starre Planung ist dabei genauso wenig möglich wie ein gleichgeschaltetes Vorgehen aller Kinder. Die Schüleraktivität bestimmt die Richtung des Unterrichts und führt zu individuellen, nicht planbaren Ergebnissen. Meistens sind die Schüler sehr stolz auf ihre Werke und stellen sie gern vor. Darum sollte eine Lesung im Klassenzimmer stets dazugehören.

Ein Kind, das sein Ergebnis nicht vortragen möchte, ist oft trotzdem bereit, den Text vom Lehrer vorlesen zu lassen. Will jemand seinen Text überhaupt nicht zeigen, wird das selbstverständlich auch respektiert.

Wichtige Voraussetzungen, damit die Schüler kreativ und „frei" schreiben können, sind die Erfahrung und Gewissheit, dass keine Beurteilung oder Wertung, keine Korrektur und möglichst keine Zensur erfolgen. Dies muss auch den Zuhörern klar sein. Ein Kind, das ausgelacht wird, möchte beim nächsten Mal nichts mehr schreiben. Unsere Erfahrung ist, dass die Kinder, die selbst etwas geschrieben haben, die Ergebnisse der anderen besser zu würdigen wissen als die, denen selbst nichts einfiel.

Nun kann es trotz aller Einstimmungs- und Motivationsversuche sein, dass manche Schüler keine Ideen haben oder nicht zum Schreiben zu bewegen sind. Druck und Zwang sind hier die falschen Mittel. Es empfiehlt sich vielmehr, alternative Aufgaben zu stellen und die Chance zu geben, später oder beim nächsten Mal einzusteigen – meist steckt die Schreib-Atmosphäre nach und nach an.

Die hier vorgestellten spielerischen und handlungs- und produktionsorientierten Formen haben das Ziel, Kinder wieder an das Schreiben heranzuführen, ihre Sprachkompetenz zu erweitern oder zu festigen. Der persönlichkeitsbildende Faktor dieser Formen, bei denen sich die Schüler teilweise sehr intensiv mit sich selbst und ihrer Umgebung auseinander setzen, ist nicht zu unterschätzen, soll an dieser Stelle aber nicht weiter erörtert werden.

Zum freien Schreiben anregen

a. Erzählkiste

Als Ausgangspunkt für diese sehr freien Texte wird eine Erzählkiste genutzt, in der geheimnisvolle Dinge liegen: ein kleines Fläschchen, ein rostiger Schlüssel, ein Zeitungsausschnitt und zwei Metallkugeln. Mit passender Musik und durch orientalische Düfte angeregt entstehen ausgehend davon zauberhafte Märchen oder spannende Kriminalgeschichten.

b. Einzelne Worte *(Beispielworte nach Karl Schuster)*

Auch ein einzelnes Wort kann genügen, um Schülern erstaunliche Texte zu entlocken, z. B. manchmal, fliegen, Weltende, Freizeit, Füße, träumen usw. Die Schülerbeispiele stammen aus einer siebten Klasse (siehe S. 184).

Abheben

Ich bin Superman und fliege nach
New York. Denn da ruft mich jemand um
Hilfe. Im Wasser ist ein Junge- er sieht dem
Hai, ruft um Hilfe und ich bin da. Ich töte
dem Hai und rette den Jungen. Ich briege ihn
an Strand und fliege wieder fort.

Manchmal

manchmal spiele ich Fußball
meistens auf dem Rasen
manchmal spiele ich Basketball
meistens auf dem Gummiplatz
manchmal eine Rauchen
meistens einen Schlagen
manchmal ! das Wort
stimmt genau !

c. Bildkartei

Ein Bild aus der Bildkartei lädt zum Träumen und Fantasieren ein und führt manchmal zu völlig unerwarteten Ergebnissen, die überarbeitet (z. B. durch Reduzieren) wirklich ausstellungsreif sind.

Als Material eignen sich Postkarten, Bilder aus Zeitschriften und von Kalendern.

19.9.97

Ich bin am Hafen:
ich sehe in dem Golden vom Himmel,
die Schatten von den Schiffen
und ein Vogel der sich ausruht.
Die Wellen des Meeres
gleiten vor sich hin,
ihr Duft steigt hinab
und färbt den Himmel.
Ich schließe meine Augen
und spüre wie ich fliege.

Dina, Kl. 8

d. Ungewöhnliche Schreiborte

Spannend ist es auch, das Klassenzimmer zu verlassen, einen ungewöhnlichen Schreibort aufzusuchen und sich dort von der Atmosphäre inspirieren zu lassen (z. B. ein Lagerraum mit kuriosen Dingen, eine Bibliothek, eine Kirche).

e. Bewegte Formen zur Vorbereitung auf das Schreiben

Meditationen, Fantasiereisen, musikalische Einstimmungen, Spaziergänge, um Wörter, Stimmungen oder Erzählgegenstände zu sammeln, schaffen eine weitaus größere Bereitschaft, sich auf einen Text einzulassen, als nur eine vorgegebene Überschrift.

Unser Fazit

Es ist uns wichtig, dass das Schreiben im Unterricht einen größeren Raum einnimmt.

Um die Bereitschaft und Freude am Schreiben zu erhalten oder auch neu zu wecken, bedarf es offener, kreativer und auch weniger leistungsorientierter Unterrichtsformen: Schüler nehmen Alternativen wie ruhige Stunden, in denen sie am Boden liegend frei zu Musik schreiben und malen dürfen, nach anfänglicher Irritation gerne an und fordern sie dann auch ein. Die Ergebnisse rechtfertigen den Einsatz auf jeden Fall.

Die positive Einstellung ehemals schreibunwilliger Schüler hat uns gezeigt, dass es sich lohnt, den eigenen Unterricht zu überdenken und in diese Richtung zu verändern. Viele der genannten Vorschläge sind ohne großen Zeit- und Materialaufwand umzusetzen. Ein guter Unterricht, so wie wir ihn verstehen, ermöglicht eine Vielzahl von verschiedenen Zugängen, Methoden und Arbeitsformen. Er umfasst auch weiterhin das Ausfüllen von Arbeitsblättern oder die gemeinsame Erarbeitung eines schwierigen Textes mit der ganzen Klasse, wird aber ergänzt durch offenere Angebote.

Viele Lehrpläne verweisen inzwischen explizit auf die Notwendigkeit offener und handlungsorientierter Formen und sehen bereits Zeit für solche Phasen vor. Ansonsten sollte man den Mut haben, andere Einheiten zu kürzen, die alten Ordner zu entrümpeln und andere Herangehensweisen auszuprobieren. Dabei kann man getrost einmal die Freude über die Leistung stellen und auch den Spaß als ein Lernziel sehen.

Was in vielen Grundschulen längst praktiziert wird und was die Schüler von dort kennen, geht beim Übertritt in die weiterführenden Schulen häufig verloren. Es lohnt sich jedoch auch noch in höheren Klassen, in offene und alternative Formen zu investieren. Sie tragen zu einer positiven Lernatmosphäre bei und erhöhen nach unserer Erfahrung die Lernbereitschaft, die Lernerfolge und damit die Zufriedenheit.

Teil C: Lesen

Wer liest,
kann auch im Alltag reisen.

Sprichwort

Leider gerät in vielen Familien das Buch als Medium immer mehr in den Hintergrund und so haben viele Schüler kaum noch die Chance, sich im Lesen zu verlieren, auf neue Gedanken zu kommen, noch nie gesehene Orte zu bereisen und der Fantasie freien Lauf zu lassen. Aber die Förderung der Kreativität und Fantasie ist nur einer von vielen Punkten, die für das Lesen sprechen.

Diese Argumente unterstreichen die Bedeutung der Kulturtechnik Lesen:

- Sie dient der Sachinformation,
- sie erweitert die sprachliche Kompetenz,
- sie gibt Denkanstöße und kann zur Lebensbewältigung beitragen,
- sie kann damit ein Gegengewicht zum konsumierenden Umgang mit den elektronischen Medien sein,
- sie bietet Unterhaltung und dient der Freizeitgestaltung,
- sie macht Spaß und bringt Freude.

Häufig treten diese Erfahrungen und auch der Umgang mit dem Medium Buch immer mehr in den Hintergrund. Computer, Video und Fernsehen stehen auf der Liste der konsumierten Medien bei Kindern ganz oben. Lesen wird von vielen nur als lästiges, schulisches Übel betrachtet. Die Erfahrung, dass Lesen auch Spaß machen kann, haben manche Kinder nie gemacht oder im Laufe ihrer Schulzeit wieder vergessen. Das spricht nicht für die bisherige Form des Deutschunterrichts, in dem die Förderung der Leselust anscheinend zu kurz kam.

Denn Leseförderung bedeutet nicht nur die Förderung der Lesegenauigkeit, der Lesegeschwindigkeit und des Textverständnisses, sondern auch:

- die Förderung des Lesens an sich: mehr lesen,
- die Förderung der Lesemotivation: lieber lesen,
- die Förderung der Vertrautheit mit Büchern.

Ein abwechslungsreicher, offener Deutschunterricht mit einem selbstverständlichen, vielseitigen und motivierenden Umgang mit Büchern und Texten ist ein guter Ansatz zur Steigerung der Lesebereitschaft und damit auch zur Steigerung der Lesefähigkeit. Denn wie bei allen Lernprozessen spielt die Motivation eine zentrale Rolle für den Lernerfolg.

1 Das Lesen trainieren

Bevor ein Kind richtig lesen kann, die Lesetechnik ausreichend beherrscht und sich somit auch dem Sinnerschließen eines Textes widmen kann, vergeht lange Zeit. Profi ist, wer auf der Stufe der „wortübergreifenden Strategie“ angekommen ist und sich nicht mehr auf das Zusammenschleifen der einzelnen Buchstaben konzentrieren muss. Wörter werden nicht mehr als einzelnes Wort betrachtet und erlesen, sondern im Zusammenhang mit anderen Worten eines Satzes oder in Verbindung mit dem gesamten Text gesehen. Der Blick hat sich erweitert und der Schwerpunkt liegt nicht mehr auf der Lesetechnik, sondern auf der Klanggestaltung und der Sinnentnahme. Schülerinnen und Schüler, die auf dieser Stufe angekommen sind, haben in der Regel keine Probleme mehr, den Inhalt eines Lesetextes zu verstehen. Laut PISA-Studie haben aber viele unserer Sekundarstufenschüler damit noch erhebliche Schwierigkeiten.

Darum sollte das Hauptaugenmerk eines jeden Lehrers, nicht nur des Deutschlehrers, in Zukunft wieder verstärkt auf konkretem Lesetraining liegen. Die neuen Bildungsstandards, die es in einigen Bundesländern gibt, weisen darauf explizit hin. Lesekompetenz heißt aber nicht nur das bloße Erfassen von Buchstaben und Wörtern, sondern auch das Erfassen der Bedeutung von Wörtern, Sätzen und letztendlich eines ganzen Textes. Nur wer die Beziehung zwischen einzelnen Satzteilen und zwischen den unterschiedlichen Satzarten erfasst, kann ein angemessenes Textverständnis entwickeln und auch den Inhalt genau wiedergeben. Doch bevor man sich in der Sekundarstufe an die Sinnentnahme eines Textes heranwagt, muss die basale Lesefertigkeit gesichert werden. Insbesondere in der Eingangsstufe der Sekundarstufe muss hierzu verstärkt Wortschatzarbeit betrieben werden, denn sie ist die Grundlage eines jeden Lesetrainings. Lesestrategien und Lesetechniken müssen mit geeigneten Mitteln geübt und gesichert werden, damit die Schülerinnen und Schüler dies selbstständig auf neue Texte anwenden können.

Die Schülerinnen und Schüler sollen

- den Grobinhalt eines Textes durch Querlesen erfassen,
- gezielt Informationen aus unterschiedlichen Textarten entnehmen,

- einzelne Wortbedeutungen des Textes erschließen oder auch nachschlagen,
- Texte mündlich und schriftlich zusammenfassen,
- Schlüsselwörter erkennen und mit deren Hilfe Texte gliedern und strukturieren,
- selbst gezielt Fragen an einen Text stellen und Fragen zu einem Text beantworten.

Geübte Leser bedienen sich beim Lesen unbewusst gewisser Tricks und Strategien, die sich im Laufe ihrer Lesersozialisation automatisiert haben. Brügelmann nennt vier Taktiken, die beim Lesen beherrscht werden müssen, um schnell und sicher zu lesen.

1. **Sinnstützen nutzen:** Jeder Leser geht mit bestimmten Erwartungen an einen Text. Überschriften, Bilder und Signalwörter lenken die Aufmerksamkeit bereits in die richtige Richtung und erleichtern das Entschlüsseln des zu lesenden Wortes. Im weiterführenden Lesen können so Druckfehler korrigiert oder lückenhafte oder undeutlich geschriebene Texte dennoch vollständig erfasst werden.
2. **Syntaktische Begrenzungen ausnutzen:** Um diese Sinnstützen ausnutzen zu können, muss das grammatische Regelwissen beherrscht werden. Das Wissen um den Satzbau hilft, beim Lesen Hypothesen zu bilden, wie ein Wort nach der erkennbaren Stellung im Satz lauten muss.
3. **Worte und Wortteile ausnutzen:** Das Ausgliedern von Silben, Signalgruppen oder Wortbausteinen ermöglicht dem Leser eine sinnvolle Gliederung längerer Worte.
4. **Lautfolgen Schriftzeichen zuordnen:** Um unbekannte Worte zu erlesen, ist es notwendig, den Aufbau unseres Schriftsystems (Phonem-Graphem-Zuordnung) zu kennen.

Obwohl es schon viel gute Literatur zum Thema Lesen gibt, angefangen von Handbüchern bis hin zu Trainingsheften, haben wir auf Fortbildungen erfahren, dass immer noch der Wunsch nach einer konkreten Anleitung zu einer zielgerichteten Leseförderung besteht. Im Folgenden möchten wir sowohl Übungen zur Verbesserung der reinen Lesetechnik als auch Trainingsformen zum sinnerfassenden Lesen vorstellen. Für beide gilt: Leseübungen sollten ihren festen Platz innerhalb eines Schultages haben, sei es im Tages- oder Wochenplan, am Tagesanfang oder am Stundenende. Solche kurzen Trainingseinheiten lassen sich leicht selbst herstellen und somit auf die Inhalte anderer Fächer abstimmen. Kleine Leseeinheiten wie

z. B. Pyramidenwörter oder andere Wortreihen können auch von Schülern selbst handschriftlich oder am Computer verfasst werden. Sie lassen sich leicht austauschen oder als kleine Aufgabe in den Tages- bzw. Wochenplan integrieren.

Bei allen Texten, ganz gleich ob zum Lesetraining vorgesehen oder nicht, sollten auch in der Sekundarstufe noch folgende sieben Tipps zur Textgestaltung berücksichtigt werden.

- Verwenden Sie eine Schriftgröße von mindestens 12, besser sogar 14 Punkt und am besten eine Schrift ohne Serifen (z. B. Arial oder Schuldruckschrift).
- Schreiben Sie nicht im Blocksatz. Blocksätze sehen zwar auf den ersten Blick besser aus, geben aber schwachen Lesern keinerlei Hilfen und Anhaltspunkte.
- Wenn Sie etwas im Text hervorheben möchten, sollten Sie nicht *kursiv* schreiben, sondern lieber **fett** und/oder **unterstrichen**. Kursive Schrift ist für Kinder, die Schwierigkeiten im Lesen haben, sehr schwer zu erfassen. Sie „verwirrt" das Auge.
- Wählen Sie einen großen Zeilenabstand (1½-fach), auch wenn Sie dadurch mehr Platz und Papier verbrauchen.
- Beenden Sie eine Zeile möglichst mit einem Sinnabschnitt. Dies erleichtert das Textverständnis und hilft, wenn ein Kind in der Zeile verrutscht.
- Versehen Sie einen Infotext oder eine Geschichte mit einigen wenigen guten und passenden Bildern. Achten Sie aber darauf, dass Sie ein ausgewogenes Verhältnis zwischen Text und Bild schaffen. Bilder unterstützen das Textverständnis und lassen dennoch Raum für eigene Fantasien.
- Für ganz schwache Leser ist es sehr hilfreich, wenn der Redebegleitsatz einer wörtlichen Rede vorangestellt wurde. So kann ein Kind schnell erkennen, dass ein Rednerwechsel stattfindet und eine Sinneinheit abgeschlossen ist.

Um sich dem Lesen hingeben zu können, benötigen die Kinder Freiräume, die es ihnen erlauben sich zurückzuziehen. Freie Klassenzimmer, ruhige Ecken auf dem Pausenhof oder dem Schulflur bzw. eine bereits bestehende Leseecke laden die Kinder dazu ein, sich in einen Text zu vertiefen oder sich an schwierige Lesetexte zu wagen. Die Übungen können vielseitig aufgebaut sein. Mittlerweile finden Sie in guten Schulbüchern zahlreiche Übungsformen sowie aufeinander aufbauende Lesetrainings. Eine Reihe davon möchten wir hier vorstellen.

Lesegenauigkeit, fehlerfreies Lesen und Steigerung der Lesegeschwindigkeit

Ein guter Leser oder Vorleser zeichnet sich dadurch aus, dass er ...

- den Augenmuskel flink bewegt,
- zügig und fehlerfrei liest,
- einen guten Leserhythmus hat,
- bewusst Pausen setzen kann,
- durch beabsichtigte Tempowechsel gestaltend liest,
- seine Stimme variierend je nach Inhalt einsetzt,
- längere Zeit konzentriert lesen kann,
- das Gelesene versteht,
- auch schwer lesbare und komplexe Texte lesen kann.

Die folgenden Übungen schulen den Blick, um auch lange und knifflige Wörter bzw. Wortgruppen zu erfassen sowie rhythmisch zu lesen. Gerade das Erkennen von Sinn- bzw. Gedankeneinheiten innerhalb von Sätzen fällt Schülern häufig schwer. „Hilfsbänder" (also senkrechte Kennzeichnungen) wie bei den Wortpyramiden erleichtern dem Leser, die Zeilen, bestehend aus Einzelwörtern oder Kurzsätzen, mit einem Blick zu erfassen und mit entsprechender Übung die Lesegeschwindigkeit zu steigern. Augen und Verstand werden gleichermaßen trainiert und auf schwierigere Übungen vorbereitet.

Fast alle Übungen eignen sich gut zur Partnerarbeit. Ein Lesetrainer kann die Zeit stoppen oder auf Lesefehler kontrollieren. Wichtig dabei ist, dem Leser Zeit zur Vorbereitung zu geben. Es ist nicht sinnvoll, einen Schüler sofort laut lesen zu lassen. Die Möglichkeit zur leisen Vorbereitung gibt Sicherheit und nimmt die Angst vor dem Vorlesen.

a. Wortpyramiden

Wortpyramiden steigern das Lesetempo, erweitern das Blickfeld und trainieren das genaue Lesen, ohne zu „stolpern". Die „Hilfsbänder" geben zusätzliche Orientierung.

Auto	Baden
Autoreparatur	Bademeister
Autoreparaturwerkstatt	Hallenbademeister
Die neue Autoreparaturwerkstatt	Hallenbademeisterausbildung
Der neue Autoreparaturwerkstattbesitzer	Hallenbademeisterausbildungskurs
	Hallenbademeisterausbildungskursbuch

in
am
Hut
Obst
mein
Haus
holen
Hütte
essen
trinken
Fenster
Mensch
Karneval
Motorrad
Fahrbahn
vierbeinig
der Gärtner
Familienfest
Schwierigkeit
Eisenbahnnetz
ein Lotterielos
Vorhangschiene
weiße Eisbärfelle
die Gemüsesuppe
im 19. Jahrhundert
der Silvesterknaller
mit Haut und Haaren
ein Sonnenblumenfeld
auf Biegen und Brechen
Marmeladenglasregalbrett
Schokoladeneistortenverkäufer

b. Stolpersteine

Die Kinder lesen zuerst still für sich und dann in Partnerarbeit ihrem Mitschüler die Wortreihen laut vor. Wenn sie die Reihe fehlerfrei gelesen haben, dürfen sie sie abhaken. Die „Stolpersteine" trainieren, langsam, aber genau zu lesen.

	Richtig gelesen
Bitte mitten wittern kneten beben regen Reihe Meise Riese	☐
Birne Biene wiegen beugen rufen raufen Wesen Besen	☐
zogen log Trog lügen betrügen küssen Fuß Gruß musst außen	☐
Auspuff anfangs Ast Angst aber akut Ansage Ampel apart	☐
Wipfel Gipfel Pferd kippen Krippe Waffeln gaffen Griff Graf	☐
Strecke necken keck Krake Wagen Weg wecken Zecke Zug	☐
Raute Maut Rute rufen rau draußen aktuell Haus gucken	☐

c. Wortspaghetti

Lange zusammengesetzte Wörter verlangen ebenfalls ein genaues Hinsehen. Sie zuerst leise für sich und dann laut vorzulesen ist eine gute Übung, um das Lesetempo zu steigern und fehlerfrei zu lesen.

Es macht den Kindern auch Spaß, selbst eine Liste mit möglichst langen Wörtern zu erstellen, wobei auch unübliche Zusammensetzungen erlaubt sein können. Sie sind meist besonders witzig.

Übernachtungsgäste
aussagekräftig
Feuerwehrmannhelm
bemerkenswert
Wintermantelkapuze
ungeheuerlich
Taschenrechnertaste
zusammengehörig
Schornsteinfegerjacke
Gehaltsabrechnung
Herzensangelegenheit

Erdbeereisbecher
Wildschweinfamilie
Sonnenschutzölflasche
Krankenhausbetten
Farbfotografie
unerklärlicherweise
Popcornverkäuferin
Geburtstagsfeiergäste
Nilpferdwasserbecken
Katzenfellbürste

d. Fehlerteufel

Wenn die Schüler an diese Art von Wortreihen gewöhnt sind, kann man sie auch nach Zeit um die Wette lesen lassen. Wer findet am schnellsten die abweichenden Wörter? Maßgeblich ist jeweils das erste Wort einer Reihe. Die Übung „Fehlerteufel“ fördert das genaue und schnelle Lesen.

Hunderasse Hunderasse Hunderassen Hunderasse Hunderase Hunderasse
Waschbecken Waschbecken Waschbecken Waschbecken Waschbecken
Reisekoffer Reisekoffer Reisekoffer Reisekoffer Reiskoffer Riesekoffer
Lottospieler Lottospieler Lottospiele Lottoschein Lottospieler Lottospieler
Käseglocke Käseglocke Käsegockel Käseglocke Käseglocke Käseglocke
Delfinflosse Delphinflosse Delfinflosse Delfinflosse Delfinfüße Delfinflosse
Schinkenbrötchen Schinkenbrotkorb Schinkenbrötchen Schinkenbrot
Wasserhahn Wasserhenne Wasserhahn Wasserhahn Waserhahn Wasserhahn

e. Findefuchs

Hier soll herausgefunden werden, wie oft welche Buchstabenkombination in den Wörtern vorkommt. Die Schüler schärfen damit ihren Blick und üben, genau zu lesen.

-hen = ☐ -ung = ☐ -cks = ☐ -nis = ☐ -heit = ☐

gehen	Klecks	leihen	Gleichheit
schnurstracks	Umgehung	stehen	umgehen
flehen	wehen	Geständnis	mähen
Geheimnis	drehen	drohen	Verletzung
Untersuchung	Bedrohung	Umleitung	Ereignis
Gleichung	Verständnis	Gleichnis	Gesundheit
Knicks	Muckser	Hindernis	verstehen
Verstauchung	sehen	Zufriedenheit	bestehen
Vermächtnis	Umzäunung	ruhen	Böschung
Freiheit	Renovierung	Bündnis	Versicherung
Sicherheit	Faulheit	Kindheit	Behinderung
Reihen			

f. Versteckte Vokale

Wenn einzelne oder alle Vokale durch Symbole ersetzt sind, müssen die Schüler beim Lesen mitdenken. So lernen sie schnell und zügig zu lesen.

B✱rg	G✱✱st✱rst✱nd✱	H✱s✱
K✱tz✱	P✱dd✱ngl✱ff✱l	T✱ll✱r
Sp✱cht	V✱g✱ln✱st	F✱r✱✱n
Pf✱rd✱	Z✱mt✱✱s	F✱hrr✱d
B✱ntst✱ft	H✱✱st✱r	Z✱tr✱n✱
✱ng✱lsh✱✱r	Sp✱✱lpl✱tz	K✱ch✱n
F✱nst✱rbr✱tt	Bl✱m✱n	S✱hn✱t✱rt✱
W✱✱hn✱cht✱n	✱pf✱l	K✱rz✱nst✱nd✱r

g. Figurenlesen

Statt gleicher Wortfolgen mit einigen anderen eingeflochtenen Wörtern können auch ganze Sätze in die Figuren eingearbeitet werden. Hier müssen die Schüler unter erschwerten Bedingungen besonders genau lesen.

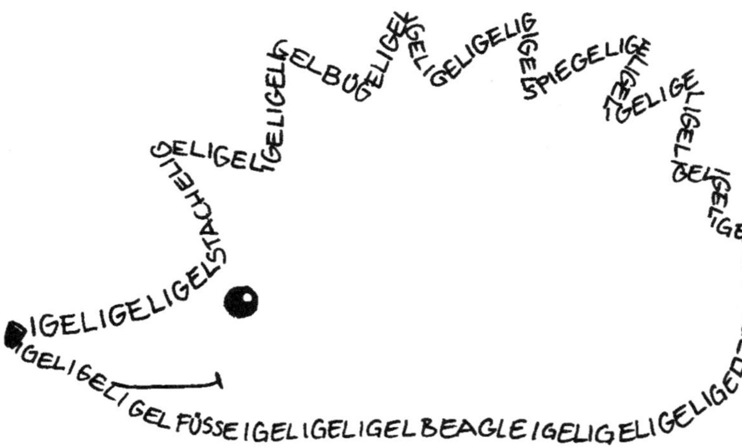

h. Silbensalat

Entsprechend der „Indianerwörter" aus der Freiburger Rechtschreibschule helfen die Silbensalat-Zeilen, den Lesefluss und die Lesetechnik zu verbessern. Bekannte und gesicherte Buchstaben werden zu Silben unterschiedlicher Länge zusammengewürfelt. Bei der Bildung der Wörter sollte aber stets nach einem bestimmten Klangmuster verfahren werden. Dieser Rhythmus bleibt innerhalb einer ganzen Zeile unverändert und unterstützt leseunsichere Kinder. Hilfreich ist das Einzeichnen der Silbenbögen vor dem Lesen der Reihen.

Folgende Beispiele auf der Kopiervorlage (siehe S. 198) sollen das Prinzip verdeutlichen. In der Freiburger Rechtschreibschule sind weitere sehr gute Beispiele enthalten, eine Anregung nicht nur für den LRS-Kurs.

Silbensalat

Klangmuster Ridikulu

r i d i k u l u r i d u k u l u r a d o k o l o r e d u k u l i r a d i k o l u r u d a k a l o

m i f i k u l u m a r i k o l o g a f i k u l i m e r i k u l o g e f u g u l u s i m a k u l i

g e m i p a l u f e r u m a s i p o t i k u l a g e s u t o r a b e s i n a f i w o t u k u

Klangmuster Ramtamtam

r a m t a m t a m r i m t a m t i m r u m t e m t u m r a m t i m t u m r o m t a m t i m

w u m t i m t a m r u m t a m f u n g u m k i m d u r b e r f u r w u m g u m b i n w i n

t i m s a l r u m f a n b u n k i m f e r g u t m a s k i n f o l w u m p a n g e r z u r

Klangmuster Simsarasabim

s i m s a r a s a b i m k i m s a r a s a w u m f u m s a r i s a l i m k u s r a f a l u l i m

g i m p a r i s a r u m s u m p a f i r a s i m g u m b i w i f a r u m p o m d u k i m i r i m

w i r t u l a s i b u m p i n t a r e s a k a m d e m p u s i m a t u m p o s t a t i l a r a m

Sinnentnehmendes Lesen

Selbstverständlich beginnt das Lernen und Üben des sinnentnehmenden Lesens nicht erst, wenn die reine Lesetechnik zur Perfektion geführt wurde. Vielmehr laufen beide Prozesse in weiten Teilen parallel ab. Trotzdem braucht der Leser eine gewisse Sicherheit in der Lesetechnik, damit er einen Großteil seiner Konzentration auf die Botschaft oder den Inhalt eines Textes lenken kann. Auch hier gilt wieder, dass der Inhalt des Textes auf den Unterricht anderer Fächer abgestimmt werden sollte. Selbstverständlich lässt sich das sinnentnehmende Lesen mit jedem Sachtext zu jedem Unterrichtsthema trainieren.

Doch leider bereiten viele Texte aus Schulbüchern vor allem den Kindern, die Deutsch nicht als Muttersprache oder eine Leseschwäche haben, enorme Probleme. Diese beginnen bereits bei recht geringen Wortschatzkenntnissen oder nicht weit genug fortgeschrittener Lesetechnik. Hilfen zur genauen Texterschließung können die folgenden fünf Schritte geben. Auf den ersten Blick erscheint diese Art, einen Text aufzuspalten, zwar etwas langwierig und vielleicht auch zeitraubend, hilft aber den Schülern, gewisse Grundtechniken zu automatisieren und die Angst vor längeren Texten zu verlieren. Es ist noch kein Meister vom Himmel gefallen und ausreichend Übungszeit und Geduld sind auf beiden Seiten erforderlich.

Fünf Erfolgsschritte zum Textverständnis

1

- Lies den Text zunächst einmal quer und verschaffe dir somit einen ungefähren Überblick über seinen Inhalt.
- Wenn du den Text nicht verstehst, wirf nicht gleich die Flinte ins Korn. Es ist noch kein Meister vom Himmel gefallen.
- Rufe dir eventuell vorhandenes Vorwissen ins Gedächtnis. Dein besonderes Augenmerk sollte dabei beim Titel bzw. bei den Zwischenüberschriften liegen.

2

- Stelle nun Fragen an den Text.
- Dieser Schritt ist enorm wichtig, besonders dann, wenn du keinerlei Vorwissen über das Thema mitbringst.
- Am besten formulierst du W-Fragen (Wer? Wann? Wo? Warum? Was? Wozu? Wie?).

3

- Lies den Text nun noch einmal ganz genau durch. Stolperst du über Fremdworte oder dir unbekannte Begriffe, schau am besten sofort in einem Wörterbuch nach.
- Versuche auf deine W-Fragen im Text passende Antworten zu finden. Sei ein wahrer Textdetektiv und achte auch auf Details.
- Arbeite mit unterschiedlichen Farben und unterstreiche wichtige Schlüsselbegriffe.
- Arbeitest du mit einem Schulbuchtext, hole dir eine Folie und lege sie darüber. Mit bunten Folienstiften kannst du nun alles Wichtige markieren.

4

- Welche Informationen aus dem Text waren besonders wichtig? Schreibe nun die wichtigsten Begriffe heraus und versuche sie gleich zu ordnen. Eine Mind-Map kann dir dabei helfen.
- Wichtig ist, dass du Begriffe, die zusammengehören, auch zusammenfasst. Arbeite auch hier mit Farben, sie helfen dir, den Textinhalt besser zu merken, und erleichtern dir das Wiedergeben des Textinhalts.

5

- Profistufe: Wenn du über den Text berichten sollst, hilft es dir, wenn du die vorher gemachten Stichpunkte zur Hand nimmst.
- Versuche mit Hilfe dieser Handzettel den Textinhalt mündlich wiedergeben. Sprich dabei ruhig laut vor dich hin. So übst du gleichzeitig deinen Vortrag und erlangst Sicherheit.

Im Folgenden stellen wir einige Übungen vor, die sich für das Training des sinnentnehmenden Lesens eignen. Ein so intensiver Umgang mit Texten verlangt von der Lehrkraft viel Einfühlungsvermögen und Verständnis. Viele Kinder werden gerade in Sachtexten immer wieder auf unbekannte Wörter oder Fachausdrücke stoßen, die das Textverständnis erschweren. Darum muss der Umgang mit dem Lexikon oder dem Fremdwörterbuch immer wieder parallel geübt werden. Unterschiedliche Nachschlagewerke sollten stets zur Hand sein.

a. Schlüsselwörter erkennen

Eine beliebte Arbeitsanweisung lautet: „Lest euch den Text ganz genau durch und unterstreicht die wichtigsten Dinge." Die Erfahrung zeigt, dass die meisten Schülerinnen und Schüler daraufhin ganze Sätze und sogar komplette Abschnitte farbig markieren und unterstreichen. Da fällt es schwer, Wichtiges von Unwichtigem zu unterscheiden und die wesentlichen Textinformationen herauszufiltern. Den meisten ist gar nicht bewusst, dass es ausreicht, nur einige wenige, dafür aber die wichtigsten Begriffe herauszufinden und diese zu unterstreichen. Wichtig sind also regelmäßige Übungseinheiten, in denen immer wieder trainiert wird, diese Schlüsselbegriffe zu erkennen. Wichtig ist der Hinweis, dass Schlüsselwörter in der Regel Substantive sind. Doch die Schüler brauchen noch mehr Hilfen, um diese Schlüsselwörter in einem Text ausfindig zu machen.

- Geben Sie die Silben der Schlüsselwörter an.
- Nennen Sie die Anfangsbuchstaben der Schlüsselwörter und/oder geben Sie die Anzahl der Buchstaben durch Striche vor.
- Verdeutlichen Sie Schlüsselwörter durch Wortrahmen oder Strichcodes.
- Kennzeichnen Sie die Sätze, in denen sich ein Schlüsselwort befindet.
- Geben Sie die Endung der Schlüsselwörter vor.
- Schreiben Sie die Anzahl der Schlüsselwörter zu jedem Absatz dazu.
- Für geübte Schüler nennen Sie die Anzahl der Schlüsselwörter, die im gesamten Text enthalten sind.

Um die verschiedenen Möglichkeiten zu verdeutlichen, wurden für die Bearbeitung des folgenden Sachtexts mehrere Hilfen miteinander verknüpft und absatzweise variiert.

Einheimische Amphibien

1 Unsere einheimischen Lurche sind stark bedroht. Frösche, Kröten, Unken, Molche und Salamander sind bei uns in Deutschland recht selten geworden. Selbst den früher so häufigen Grasfrosch findet man heute nur noch wenig. Und welches Kind hat in der heutigen Zeit schon einen echten Feuersalamander, geschweige denn einen Kamm- oder Bergmolch gesehen? Das Gefühl, einen kalten, feuchten und doch weichen Frosch in den Händen zu halten, kennen viele nicht mehr. Lurche brauchen Gewässer, feuchte Wiesen und Wälder. Doch die Abholzung vieler Laubwälder engt den Lebensraum von Frosch und Co gewaltig ein. Ebenso brauchen Lurche feste Laichplätze, zu denen sie alljährlich wieder zurückkehren können, und Möglichkeiten, sich zurückzuziehen und den Winter zu verbringen.

2 Woran liegt dieser Rückgang der heimischen Amphibien? Lurche brauchen Tümpel, Teiche und Wälder, Seen und klare Bäche. Solche Lebensräume gibt es bei uns immer weniger. Eine große Gefahr ist die massive Landschaftsveränderung. Die Zuschüttung von kleinen Laichgewässern sowie die Feuchtwiesenentwässerung haben schlimme Folgen für die Lurchbevölkerung der ganzen Umgebung. Feuchtigkeitsliebende Lurche kommen dann nicht mehr vor – und auch der Storch verschwindet aus diesem Lebensraum. Ebenso leiden andere Feinde der Lurche wie z. B. Reiher, Ringelnatter oder andere Tiere unter der Trockenlegung der Feuchtwiesen.

Dadurch sind die Lurche zusätzlich bedroht. Ihr Futter wird knapp und sie stehen zu Recht auf der Roten Liste der bedrohten und gefährdeten Tierarten.

3 Die Gefahr lauert bereits im März nach der Winterstarre auf die Tiere. Wenn es abends feucht und wärmer ist, machen sich Grasfrösche und Kröten auf die Wanderung. Sie verlassen in Scharen ihre Winterquartiere, um zu den Laichgewässern zu ziehen. Zielstrebig kehren sie an den Ort ihrer Geburt zurück, um dort zu laichen. Viele von ihnen werden Opfer des Verkehrs. Straßen durchziehen ihre Wandergebiete und für viele gibt es keine andere Möglichkeit, als über die Fahrbahn zu kriechen. Hinweisschilder und Krötenzäune gibt es noch viel zu wenige und so haben viele keine Chance gegen den ständig wachsenden Verkehr. Pflanzenschutzmittel und Düngemittel in und an den Laichgewässern haben nicht nur schlimme Folgen für die Lurche. Auch Kleinstlebewesen wie Mücken oder Larven anderer Tierarten werden dadurch vernichtet. Die Lurche finden keine Nahrung mehr.

Arbeitsblatt zum Text „Einheimische Amphibien“

Suche die Schlüsselwörter aus dem Text heraus, die deutlich machen, wodurch unsere einheimischen Lurche bedroht werden. Nutze die angegebenen Hilfen für die einzelnen Absätze.

Schlüsselwörter aus Absatz 1

(setze die Silben richtig zusammen):

HOL – WÄL – ZUNG – LAUB – AB – DER

____________________ ____________________

Schlüsselwörter aus Absatz 2

(finde die passenden Wörter für die Wortraster):

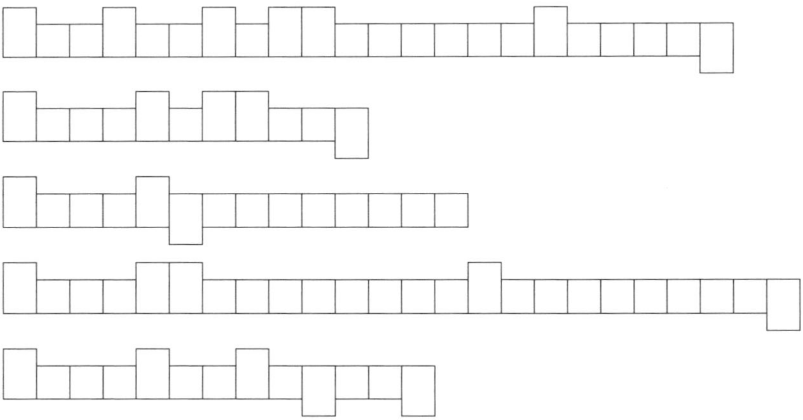

Schlüsselwörter aus Absatz 3

(in diesem Absatz findest du drei Schlüsselwörter. Sie haben die angegebenen Anfangsbuchstaben):

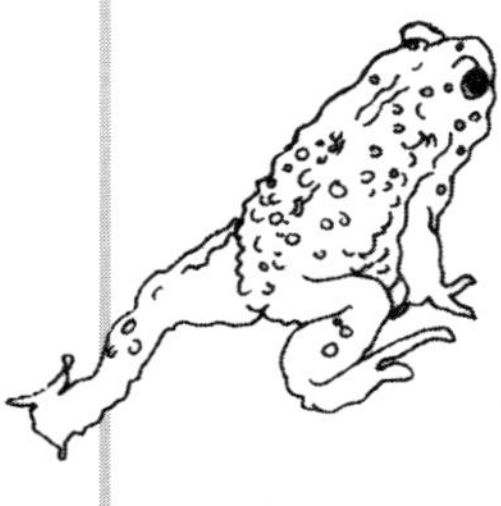

V ____________________

P ____________________

D ____________________

Lösungen:

Absatz 1: Abholzung, Laubwälder.
Absatz 2: Zuschüttung, Landschaftsveränderung, Laichgewässer, Feuchtwiesenentwässerung, Trockenlegung.
Absatz 3: Verkehr, Pflanzenschutzmittel, Düngemittel.

b. Textsalat

Beim folgenden Informationstext aus dem Fach Geschichte sind die Zeilen zum Teil vertauscht. Die Schüler sollen zunächst leise lesen, sich konzentrieren und dann möglichst rasch für eine passende weiterführende Zeile entscheiden. Erst nach ausreichender Vorbereitungszeit wird der Text laut vorgelesen, wobei die Zuhörer die Zeilenübergänge nicht hören und an den richtigen Stellen Pausen gemacht werden sollen.

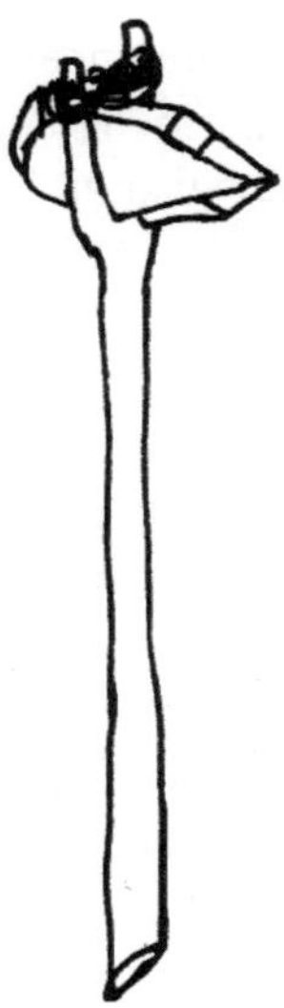

Werkzeuge und Waffen aus der Steinzeit

Die Menschen der Steinzeit verwendeten für ihre
aber auch Knochen, Geweihreste und Holz.
Werkzeuge und Waffen hauptsächlich Flintsteine,
Um aus den Flintsteinen brauchbare Geräte oder
mit sehr harten Steinen so lange auf den Flintstein
gefährliche Waffen herzustellen, wurde eine relativ
einfache Technik angewandt. Die Männer schlugen
ein, bis dieser die gewünschte Form hatte. Die
eingekerbten Stöcke befestigten.
Abfallenden Splitter benutzten sie als Pfeil- oder
Speerspitzen, welche sie mit Sehnen an zuvor

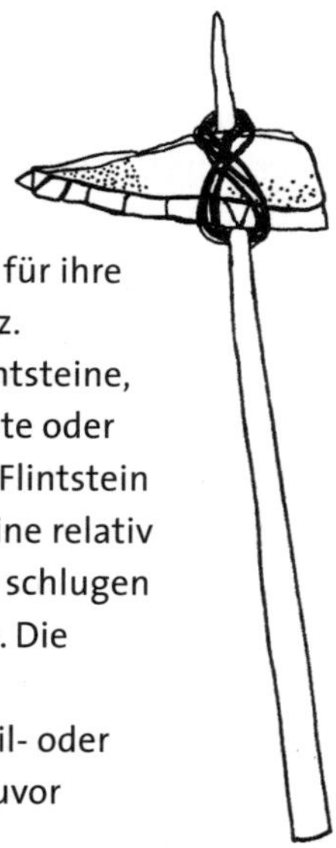

c. Schriftliche Spiegelbilder

Hierbei handelt es sich um zwei fast identische Texte. Ähnlich wie bei optischen Fehlersuchbildern unterscheiden sich die beiden Texte in nur wenigen Wörtern (hier an sechs Textstellen). Zuerst werden beide Texte gelesen, dann der obere abgedeckt und die veränderten Wörter im unteren Text markiert.

Fuchs und Storch

Der Fuchs lud den Storch zu einer Mahlzeit ein und setzte in flachen Schüsseln Brühe vor. Während der Fuchs sich labte, versuchte der Storch mit seinem langen Schnabel vergeblich, die Suppe auch zu kosten.

Darauf lud der Storch den Fuchs zur Mahlzeit ein und trug hohle Flaschen auf, die mit Fleischbrocken gefüllt waren. Der Storch holte mit seinem Schnabel Stück für Stück heraus und sättigte sich. Der Fuchs aber leckte gierig den Flaschenhals, ohne ein Stück zu erhaschen, und blieb hungrig.

Fuchs und Storch

Der Fuchs lud den Storch zu einer Mahlzeit ein und setzte in flachen Tellern Brühe vor. Während der Fuchs sich labte, versuchte der Storch mit seinem langen Schnabel vergeblich, die Brühe auch zu kosten.

Darauf lud der Storch den Fuchs zum Essen ein und trug hohe Gläser auf, die mit Fleischbrocken gefüllt waren. Der Storch holte mit seinem Schnabel Stück für Stück heraus und sättigte sich. Der Fuchs aber leckte hungrig den Flaschenhals, ohne einen Brocken zu erhaschen, und blieb hungrig.

d. Regenschirme

Bereits Albert Einstein verfasste ein solches Rätsel, von dem er behauptete, dass 98 Prozent der Weltbevölkerung nicht in der Lage seien, es zu lösen. Freilich war sein Rätsel durchdachter und weitaus schwieriger als das folgende Beispiel für Schüler, aber selbst diese einfache Variante verlangt genaues Lesen und eine gute Konzentration.

Entsprechend der Anleitung müssen die Regenschirme ausgemalt und fehlende Dinge ergänzt werden. Genaues Lesen und Mitdenken sind gefordert. Schwierig dabei ist, dass die Arbeitsanweisungen nicht unbedingt in der richtigen Reihenfolge auftauchen.

Lösung von links nach rechts:

Grün mit Kugel und Preisschild – rot mit Loch und geradem Griff – blau mit schwarzen Dreiecken und gebogenem Griff – gelb mit lila Punkten und geradem Griff

e. Superhirn

Die Schüler sollen den Text auf S. 208 so genau wie möglich lesen und wichtige Schlüsselbegriffe (Substantive) unterstreichen. Anschließend wird das Blatt umgedreht und der Multiple-Choice-Test beantwortet. Die Fragen und Antworten werden zu Aussagesätzen umformuliert und aufgeschrieben.

Regenschirm

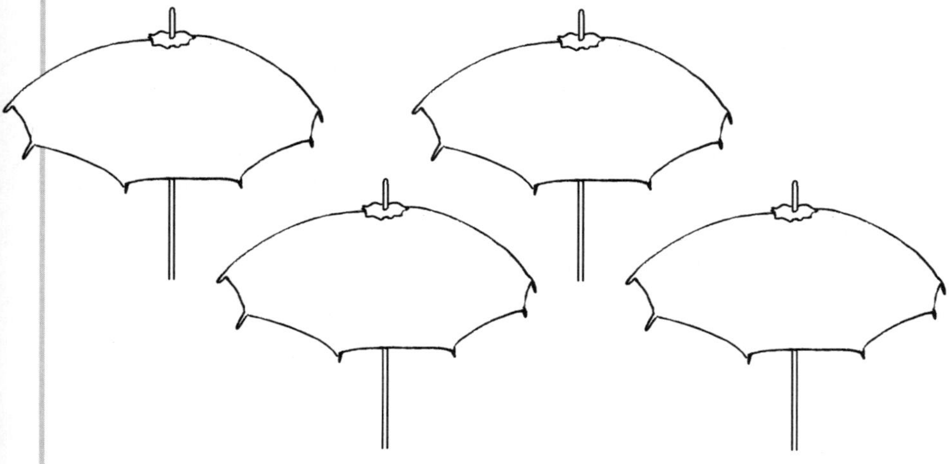

- Der Regenschirm mit den lila Punkten steht nicht neben dem grünen Regenschirm.
- Der rote Regenschirm steht direkt zwischen dem blauen und dem grünen Schirm.
- Die Farben der Schirme sind Blau, Grün, Rot und Gelb.
- Der Regenschirm links ist grün.
- Der blaue Regenschirm hat schwarze Dreiecke als Muster.
- Zwei Regenschirme sind einfarbig ohne Muster.
- Zwischen den Schirmen mit geradem Griff steht ein Schirm mit rund gebogenem Griff.
- Ein Regenschirm hat eine Kugel als Griff.
- Der Regenschirm mit der roten Farbe hat ein Loch.
- Der gelbe Schirm hat einen geraden Griff.
- Am Regenschirm ohne Loch und ohne Muster hängt noch das Preisschild.

Vulkane – ganz besondere Berge

Vulkane sind Berge, die glühendes, heißes, flüssiges Gestein aus dem Innern der Erde „ausspucken“. Ihren Namen haben die Vulkane von dem römischen Feuergott Vulcanus. Man kennt heute ungefähr 500 aktive Vulkane. Mehr als 100 davon liegen auf dem Meeresgrund und sind für den Menschen nicht sichtbar. Rings um den Pazifischen Ozean findet man die meisten Vulkane. Sie bilden einen kreisrunden Gürtel um den Pazifik, der als Feuerkreis bezeichnet wird.

Vulkanausbrüche können sehr gewaltig sein und enorme Kräfte entfalten, die das umliegende Land völlig verändern. Eine sonst blühende und grüne Landschaft kann innerhalb kürzester Zeit in eine öde und trostlose Lavawüste verwandelt werden. Bereits vor 2000 Jahren begrub eine gewaltige Eruption des italienischen Vulkans Vesuv die antike Stadt Pompeji unter sich.

Bei diesem Ausbruch kamen fast alle Bewohner der Stadt ums Leben. Kaum einer konnte rechtzeitig fliehen und dem heißen Lavastrom entkommen. Andere bekannte Vulkane in Europa sind der Ätna auf Sizilien und der Vulkan Heimaey auf Island. Der bekannteste deutsche Vulkan ist der Vogelsberg in Hessen. Er ist allerdings schon lange Zeit erloschen und die Wahrscheinlichkeit, dass er irgendwann einmal wieder Feuer spuckt, ist gering.

Arbeitsblatt Vulkane:

Was weißt du noch? Kreuze die richtige Antwort an

Woher haben Vulkane ihren Namen?
- ☐ Vom griechischen Gott Vulcvano
- ☐ Vom indischen Feuergott Vulcanosis
- ☐ Vom römischen Feuergott Vulcanus

Vor wie vielen Jahren begrub der Vulkanausbruch des Vesuvs eine Stadt mit einer Aschendecke?
- ☐ vor 2000 Jahren
- ☐ vor 200 Jahren
- ☐ vor 1200 Jahren

Wie heißt diese italienische Stadt?
- ☐ Pamplona
- ☐ Pompidou
- ☐ Pompeji

Durch einen Vulkanausbruch kann eine blühende Landschaft stark verwandelt werden.
In was? (Kreuze zwei Antworten an)
- ☐ In eine Lavawüste
- ☐ In eine Sandwüste
- ☐ In fruchtbaren Boden
- ☐ In Wald
- ☐ In trostloses Buschland

Wie viele aktive Vulkane kennt man auf der Erde?
- ☐ etwa 250
- ☐ etwa 100
- ☐ etwa 500

Wo findet man die meisten tätigen Vulkane?
- ☐ Rund um den Atlantischen Ozean
- ☐ Rund um den Pazifischen Ozean
- ☐ Rund um jeden Ozean der Erde

Die Vulkane bilden um diesen Ozean einen Gürtel. Wie wird er genannt?
- ☐ Vulkanring
- ☐ Feuerring
- ☐ Feuerkreis

Schreibe in dein Deutschheft eine Zusammenfassung mit all diesen Informationen.
Dabei sollst du ganze Sätze schreiben, keine Stichworte. Die Fragen darfst du dabei nicht wiederholen. Du musst sie zu Aussagesätzen umformulieren. Halte dich an die Reihenfolge.

Wenn du fertig bist, zeigst du die Zusammenfassung deinem Lehrer. Erst dann schreibst du sie möglichst ohne Fehler in dein Erdkundeheft und klebst den Informationstext dazu.

f. Nach einer schriftlichen Anleitung zeichnen

(Siehe Kopiervorlage auf Seite 211)

g. Intensive Textarbeit

Diese Art von Textarbeit erfordert von den Schülerinnen und Schülern Ausdauer. Durch die intensive Beschäftigung mit einem Text lernen die Schüler, genau zu lesen und Gelesenes auch näher zu hinterfragen. Die Erfahrung zeigt, dass vielen diese Herangehensweise an einen Text sehr schwer fällt. Insbesondere in der Sekundarstufe I fordert dies höchste Konzentration über einen längeren Zeitraum hinweg. Da diese Texte häufig mehrere Fremdwörter enthalten, trägt eine solche Textarbeit automatisch zur Erweiterung des individuellen Wortschatzes bei. Es ist auch denkbar, einen so bearbeiteten Text als Grundlage für eine Diktatvorbereitung heranzuziehen und darauf aufbauend Lernwörter aus dem Text mit einer Wortliste oder mit dem Karteikasten zu üben.

(Siehe Kopiervorlagen auf Seite 212 bis 215)

h. Schnell entscheiden

Hier kommt es auf genaues Lesen und gleichzeitiges Mitdenken an. Im Text wird nicht angegeben, wer jeweils spricht. Der Vorleser muss dies möglichst rasch aus dem Zusammenhang heraus erschließen. Der Text wird laut und möglichst flüssig vorgelesen. Die Zuhörer sollen nicht merken, an welchen Stellen der Leser selbst Namen eingesetzt hat. Auf den Seiten 216f. finden Sie den Vorlesetext „Ein Nachmittag wie jeder andere“ als Beispiel.

Nach einer schriftlichen Anleitung zeichnen

- In der rechten unteren Ecke des Bilderrahmens steht eine Gartenbank.
- An der linken Seite des Baumes lehnt eine Leiter mit fünf Sprossen.
- In der Baumkrone ist ein Vogelnest.
- Es ist ein bewölkter Tag.
- Der Baum trägt reife Äpfel.
- Auf der Gartenbank liegt ein gelber Drachen, die rote Schnurrolle liegt auf dem Boden.
- Auf der Wiese links neben der Bank wachsen zwei Fliegenpilze.
- Hinter dem Baumstamm schaut rechts ein Igel hervor.
- Im oberen linken Eck fliegen drei Raben.
- An der Leiter hängt ein Korb mit Äpfeln.
- Im Gras neben der Leiter liegt ein Rechen, dahinter ist ein Haufen mit Laub.
- An der Gartenbank hängt über der linken Lehne eine grüne Mütze.
- Am linken unteren Bildrand ist ein Stück des Holzgartenzaunes zu sehen.
- Der Zaun ist dunkelblau gestrichen.

Das alte Ägypten

Die ägyptische Zivilisation entwickelte sich entlang des Nils. Der weite Strom sicherte die Wasserversorgung. Ebenso diente er als Reise- und Transportweg. Alljährlich trat das wertvolle Nass über die Ufer und überschwemmte die angrenzenden Felder. Zurück blieb fruchtbarer Schlamm, auf dem Getreide, Gemüse und Obst angebaut werden konnte. Mit der Vereinigung von Ober- und Unterägypten ca. 3000 v. Chr. wurde Ägypten eines der reichsten und mächtigsten Länder der Welt. Diese Macht behielt das alte Ägypten bis etwa 30 v. Chr.

Die Ägypter glaubten, dass alle Menschen nach dem Tod ins Jenseits gelangen konnten. Voraussetzung war allerdings, dass der Tote auf die richtige Weise präpariert worden war. So wurde der Leichnam von Königen, hohen Beamten oder reichen Leuten einbalsamiert und in einem aufwändigen Prozess für das Jenseits konserviert. Es entstanden die Pyramiden als Königsgräber. Die bekanntesten sind die drei Pyramiden von Gizeh. Sie heißen Cheops, Chephren und Mykerinos.

Selbst heute noch faszinieren uns diese gewaltigen Bauwerke mit ihren versteckten Rätseln, die zum Teil noch nicht geklärt werden konnten. Es existieren in Pyramiden mehrere Grabkammern, von denen nur eine für den König bestimmt war. Die anderen Kammern blieben leer oder wurden zur letzten Ruhestätte naher Angehöriger.

Die alten Ägypter glaubten an Hunderte von Göttern und Göttinnen. Jeder und jede von ihnen war für einen bestimmten Bereich des Lebens zuständig. Manchen Gottheiten baute man sogar eigens Tempel zur Verehrung. Ihnen zu Ehren fanden religiöse Prozessionen und heilige Zeremonien statt.

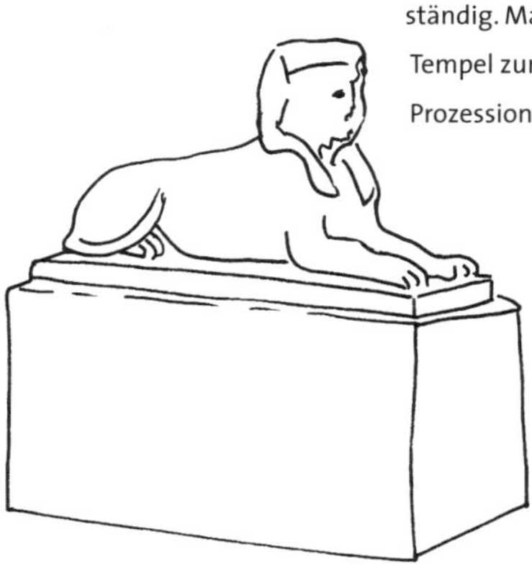

Arbeitsblatt: Textspezialisten gesucht

1. Suche folgende Wörter oder Satzteile im Text. Schreibe die entsprechenden Sätze fehlerfrei heraus und unterstreiche die Wörter oder Satzteile farbig.

a. Hunderte

b. Beamten

c. fruchtbarer

d. die richtige Weise

e. die gewaltigen Bauwerke

2. In den folgenden Sätzen haben sich Fehler eingeschlichen oder es wurden andere Formulierungen verwendet. Suche die Sätze aus dem Text heraus und schreibe sie richtig auf.

a. Die Ägypter dachten, dass jeder nach dem Tod ins Jenseits gelangen konnten.

b. Der Fluss stellte die Wasserversorgung sicher.

c. Die anderen <u>Räume blieben leer oder dienten als Grabkammer</u> naher Angehöriger.

____

____

d. Es entstanden <u>als letzte Ruhestätte für Könige die Pyramiden</u>.

____

____

3. Welche Erklärung passt jeweils zur Textstelle?

a. Zeile 2: „der weite Strom“ heißt so viel wie:

- ☐ der gefährliche Fluss
- ☐ der große See
- ☐ dreckiges Wasser
- ☐ der breite Fluss

b. Zeile 15: „einbalsamieren“ heißt so viel wie:

- ☐ mit hautverträglicher Fettcreme einreiben
- ☐ mit wasserfester Farbe bestreichen
- ☐ mit fäulnishemmenden Stoffen behandeln
- ☐ in ein mit Wasser gefülltes Becken eintauchen

c. Zeile 19: „faszinieren“ heißt so viel wie:

- ☐ sich bezaubern lassen
- ☐ sich verschönern lassen
- ☐ sich kundig machen
- ☐ sich bedienen lassen

d. Zeile 20: „existieren“ heißt so viel wie:

- ☐ besiedeln
- ☐ bestehen
- ☐ erbauen
- ☐ erfinden

e. Zeile 28: „Prozession“ heißt so viel wie:

- ☐ großes Fest
- ☐ feierlicher Umzug
- ☐ Gedenkfeier
- ☐ religiöse Andacht

4. Welche Wörter werden im Text verwendet für:

a. Leiche: ______________________

b. Grab: ______________________

c. Matsch: ______________________

d. Wasser: ______________________

e. Gebäude: ______________________

5. Schlage die Bedeutung folgender Wörter im Wörterbuch nach und fülle die Tabelle aus.

Wort	Bedeutung	Seite im Wörterbuch
Zivilisation		
Vereinigung		
Jenseits		
präpariert		
Zeremonie		

Ein Nachmittag wie jeder andere

Familie Krause sitzt an einem regnerischen Nachmittag im Wohnzimmer. Jeder vertreibt sich den trüben, grauen Vorweihnachtstag auf eine andere Weise. Vater bringt seine Briefmarkensammlung auf Vordermann, Mutter packt die ersten Geschenke für die Verwandten ein, Tochter Uta blättert in einem Kochbuch für Plätzchen und Sohn Alexander versucht, ein Kreuzworträtsel zu lösen.

Ein Nachmittag wie jeder andere

„Laubbaum mit fünf Buchstaben, mit L fängt es an“, fragt ______________. „Linde“, antwortet ______________, „ aber lass mich jetzt in Ruhe die Zutaten für die Nusskringel aufschreiben.“ „Kann mir mal einer die Pinzette holen?“, fragt ______________, „ich glaube, hier fehlt ein Zacken.“ „Dann könnt ihr mir auch gleich das rote Geschenkband vom Schreibtisch mitbringen“, meint ______________. „Haben wir eigentlich noch Rosinen und Mandelsplitter in der Küche?“, fragt ______________. „Schau doch selber nach. Aber pass auf, wenn du die Küchentür aufmachst. In der Küche ist das Fenster offen, sonst wirbelt mir hier alles durcheinander und ich kann von vorn anfangen“, ermahnt ______________. „Nachtvogel mit drei Buchstaben“, murmelt ______________. „Ich weiß es“, mischt sich ______________ ein, „sage es aber nur, wenn du deinen Finger auf die Schleife drückst, damit ich einen Knoten machen kann.“ „Mögt ihr Schokoladenmakronen?“, fragt ______________ in die Runde. „Klar“, ruft ______________, „schreib auch gleich noch zwei Rollen Geschenkpapier auf deinen Einkaufszettel.“
„Und wenn du morgen schon beim Einkaufen bist, geh bei dieser Gelegenheit doch bitte bei der Post vorbei. Die neuen Sonderweihnachtsmarken sind da“, bittet ______________ seine Tochter. „Ha, ich habe das Lösungswort! Ich muss es nur noch auf eine Postkarte schreiben, dann kannst du sie morgen auch gleich bei der Post einwerfen“, jubelt ______________.

i. Partnertraining

Schnell ist hier, wer den Überblick hat und quer lesen kann. Ein Partner sagt ein Wort. Der andere muss möglichst rasch den passenden Satz vorlesen, in dem das Wort vorkommt, und die richtige Buchstaben-Zahlen-Kombination (z. B. 1/F) aufschreiben. Dabei wird die Zeit gestoppt. Wer hat als Erstes alle richtig zugeordnet? Selbstverständlich lässt sich das Spiel auch umgekehrt spielen (Beispiel B). Der Partner sagt eine Nummer. Der andere liest den Satz leise durch und nennt nur das passende Wort und den Buchstaben.

Beispiel A:

❶	Fliege	A	Mutter braucht für den Karottensalat die Reibe.
❷	Ziege	B	Durch den Stromausfall blieben die Zeiger der Uhr stehen.
❸	**Zeiger**	C	**Im Stall stehen zwei Ziegen und eine Kuh.**
❹	Wiege	D	Am Fliederbusch sind die ersten Triebe sichtbar.
❺	Waage	E	Die neue Wiege steht im Kinderzimmer.
❻	**Reibe**	F	**Evi hat eine Fliege in ihrer Suppe.**
❼	*Zwiebel*	G	*Am neuen Haus ist schon der Giebel fertig.*
❽	Giebel	H	Mal wieder zeigt die Waage zwei Kilo zu viel.
❾	**Triebe**	I	**Beim Schneiden der Zwiebel kommen Peter die Tränen.**

Beispiel B:

❶	**Ein kleiner Zwerg sitzt auf dem Baumstumpf.**	A	**Weg**
❷	Der Künstler stellt sein neues Werk vor.	B	Stein
❸	Eine Zahnradbahn führt auf den Berg hinauf.	C	Sieg
❹	*Der Weg endet nach dieser Kurve.*	D	*Zwerg*
❺	Ein wackeliger Steg führt über den Bach.	E	Werk
❻	Das letzte Tor führt die Mannschaft zum Sieg.	F	Wein
❼	Vater trinkt gerne ein Gläschen Wein zum Essen.	G	Berg
❽	**Der Stein zerschmetterte die Fensterscheibe.**	H	**Steg**

j. Vorausschauend lesen

Bei dieser Übung werden die Blicksprünge trainiert, die vielen Kindern und Jugendlichen beim Lesen erhebliche Probleme bereiten. Blicksprünge laufen eigentlich kontrolliert ab. Gerade Schüler mit einer

Lese-Rechtschreib-Schwäche haben oft massive Probleme, die Bewegungen der Augen, bestehend aus Blicksprüngen und Ruhepausen, zu beeinflussen und zu kontrollieren. Solche Schülerinnen und Schüler brauchen daher zusätzliche Übungszeiten. Häufig sind eine gezielte medizinische Hilfe und die Durchführung eines Trainingsprogramms erforderlich, um diese Defizite ausgleichen zu können.

Der Blicksprung, der hier in jeder Zeile eingebaut ist, ist freilich sehr übertrieben. Diese Übung schult aber das Orientieren im Text sowie das Wiederfinden einer Textzeile oder eines Wortendes. Ebenso lernen die Schülerinnen und Schüler vorausschauend zu lesen und beim Lesen mitzudenken. Der Text sollte so lange geübt werden, bis dem Zuhörer die „Stolpersteine“ nicht mehr auffallen und der Text flüssig gelesen werden kann.

[…] Bob und Peter halten von ___ an nicht viel davon,	Anfang
dass ihr ___ Justus auf einer Versteigerung ausgerechnet	Freund
einen ___ mit unbekanntem Inhalt ersteigern	Koffer
will. Hätten sie geahnt, welch ___ Verwicklungen	gefährliche
sich aus dem ___ des Koffers ergeben würden – sie	Besitz
hätten noch weit ___ protestiert.	heftiger
Nicht genug damit, dass er neben den ___ und	Kleidern
Utensilien eines Zauberkünstlers einen ___	Totenkopf
enthält: Der ___ Schädel kann auch noch	merkwürdige
sprechen! […]	

(Auszug aus Alfred Hitchcock,
Die drei ??? und der sprechende Totenkopf)

k. Lesetest

Bei einem solchen Lesetest wird den Kindern die Bedeutung des genauen Lesens bewusst. Probieren Sie es doch selbst einmal aus. Ein Beispiel finden Sie auf Seite 220.

Arbeitsblatt: Lesetest

______________________________ ____________________

So geht es:

Für diesen Test hast du drei Minuten Zeit.

1. Lies zunächst alle Aufgaben durch, bevor du sie löst.
2. Schreibe deinen Namen oben links auf die Linie.
3. Schreibe das heutige Datum rechts daneben.
4. Kreise im vorletzten Satz das Wort „oberen" ein.
5. Zeichne in jede Blattecke einen Kreis.
6. Zeichne in diese Kreise jeweils ein Kreuz. Lass dabei den Kreis unten links aus.
7. Wie viele Kreuze hast du gemacht? ________________
8. Wie heißt der Kinofilm, den du zuletzt gesehen hast?

   ____
9. Rechne aus, wie lange es noch dauert, bis die Schulstunde zu Ende ist. ________________
10. In welchem Monat hast du Geburtstag? ____________________________
11. Wie heißen deine Tischnachbarn in der Schule?

    ____
12. Kreuze an, was auf dich zutrifft.

    - ☐ Ich fühle mich bei Tests und Klassenarbeiten manchmal unsicher.
    - ☐ Ich weiß eigentlich immer, was ich bei einer Klassenarbeit tun soll.
    - ☐ Ich bin bemüht, alle Aufgaben richtig durchzulesen.
    - ☐ Wenn ich etwas nicht verstehe, frage ich nach.

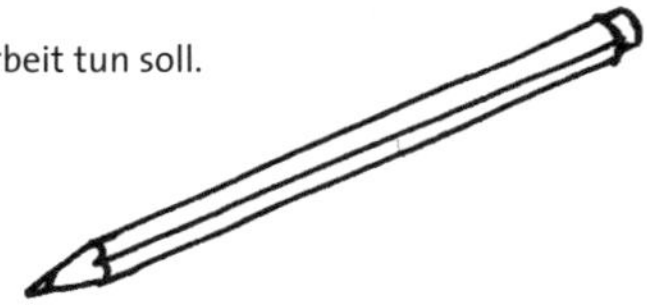

13. So, nachdem du alle Aufgaben durchgelesen hast, lies noch einmal die Aufgabe 1 und überlege, ob du dir für diesen Lesetest eine gute Note geben würdest. Lege dann einfach deinen Stift zur Seite.

2 Zum Lesen motivieren

Das Leseverhalten wird im Elternhaus grundlegend beeinflusst. Sind Bücher im Haushalt präsent und haben die Eltern eine Tageszeitung abonniert, bekommt ein Kind ein völlig anderes Verständnis und einen anderen Zugang zum geschriebenen Wort als in einer Familie, die kein Buch besitzt. Das Fernsehen, der Computer, Videospiele – diese neueren Möglichkeiten der Freizeitgestaltung konkurrieren mit dem Lesen und haben Auswirkung auf die verfügbare Zeit. Lesen bedarf jedoch kognitiver Anstrengung. Für leseungewohnte Kinder sind die elektronischen Medien deshalb meist der bequemere Weg, sich zu unterhalten oder zu informieren.

Neben den Vorerfahrungen im Elternhaus spielt auch die Einstellung des Freundeskreises eine große Rolle. Buchempfehlungen der Peergroup zeigen hier Wirkung, aber auch die Ablehnung des Lesens als langweilige und anstrengende Beschäftigung beeinflusst das Leseverhalten von Kindern nachhaltig.

Dies alles bedeutet aber nun nicht, dass die Schule sowieso keinen Einfluss mehr hätte, die Lesegewohnheiten zu verändern. Im Gegenteil, für viele Schüler ist sie die einzige Instanz, die die Chance hat, diesen Kindern das Lesen schmackhaft zu machen. Hier gilt es, eine Lesemotivation aufzubauen und zu sichern, um so zu einer Stabilisierung der Lesegewohnheit zu führen.

Damit die Schule die Abneigung gegenüber dem Lesen nicht verstärkt, sondern dazu beiträgt, dass Kinder die Freude am Lesen erfahren, sollten die erarbeiteten Texte und Lektüren wohl überlegt ausgewählt werden. Denn diese Auswahl ist für die Motivation der Kinder entscheidend: Ist die Lektüre uninteressant, für die Altersstufe unangemessen oder aber auch nur zu lang oder zu klein gedruckt, wird das Vorurteil „Lesen ist mühsam und langweilig“ bestätigt und die Lesebereitschaft eher gemindert.

Deshalb wollen wir auf einige Kriterien zur Auswahl für eine Klassenlektüre aufmerksam machen. Diese beziehen sich vor allem auf Klassen mit leseungewohnten Schülern, mit zunehmender Lesebereitschaft und -fähigkeit und in höheren Klassenstufen treten andere Kriterien in den Vordergrund.

Kriterien für eine Klassenlektüre, die auch schwache Leser anspricht:

- adressaten- und altersgerecht
- ansprechende äußere Aufmachung, die neugierig macht
- spannende, lebendige Geschichte ohne pädagogischen Zeigefinger
- viel Handlung, ohne langatmige Beschreibungen
- möglichst einfache, lineare und chronologische Erzählstruktur
- übersichtliche Gliederung
- überschaubare Kapitellänge
- kein allzu enger, kleiner Druck
- keine zu vollen Seiten (Lockerung durch Bilder)
- einfache, adressatengerechte Sprache
- keine überflüssigen Fremdwörter
- direkte Rede (klar erkennbar)
- einfacher Satzbau, wenig lange Schachtelsätze

Dies gilt allgemein für Texte, die im Unterricht oder auch als Hausaufgabe erarbeitet werden, aber in besonderem Maß für die Wahl von Ganzschriften als Klassenlektüre. Hier ist es auch wichtig, dass wirklich jeder Schüler ein echtes Buch vor sich hat, keine Kopien oder gehefteten Exemplare. Es besteht auch die Möglichkeit, die Klasse an der Wahl der gemeinsamen Lektüre zu beteiligen. Dazu können eine Vorauswahl getroffen, verschiedene Bücher vorgestellt bzw. Kataloge aus dem Buchhandel oder von Verlagen mitgebracht werden.

Lesen im Schulalltag

Insbesondere im Rahmen des offenen Unterrichts lassen sich viele Projekte und Aktionen rund ums Buch und um die Literatur verwirklichen. Wie das Schreiben sollte auch das vergnügliche Lesen zu einem festen Baustein mit wiederkehrenden Elementen eines jeden Deutschunterrichts werden. Buchvorstellungen, Lesenächte, Lesezirkel oder Wanderbücher, um nur ein paar Beispiele zu nennen, kommen bei allen Kindern jeder Altersstufe gut an. Einige dieser Möglichkeiten möchten wir genauer vorstellen.

Bibliotheken besuchen

In vielen Grundschulen gehört der Besuch einer Bücherei bereits zum Standardprogramm und die meisten Kinder fiebern schon den festen

Büchereistunden entgegen, die es an manchen Schulen gibt. Es ist zwar äußerst wichtig, die Kinder schon früh an das Medium Buch heranzuführen, doch ebenso wichtig ist es, den Kontakt mit Büchern aufrechtzuerhalten, zu stärken und nicht abbrechen zu lassen. Zumal neue, interessante Bücher in vielen Familien selten angeschafft werden und die Kinder dadurch nur wenig attraktiven Lesestoff in die Hände bekommen.

Doch leider nimmt das Interesse an Büchereien häufig in der weiterführenden Schule ab. Büchereien werden oft nur dann in Anspruch genommen, wenn Informationsmaterial zu bestimmten Themen beschafft werden soll. Meist ist dies Teil einer Hausaufgabe, sodass die Bücherei nicht gemeinsam besucht wird. Doch Kinder, die einen selbstständigen Gang in die Bücherei nicht kennen, sind mit dieser Aufgabe überfordert, haben Angst und fühlen sich unwohl.

Der Besuch einer Bücherei oder eine enge Kooperation mit dieser ist die Grundvoraussetzung dafür, dass Kinder weiter Zugang zu Büchern haben oder finden. Mindestens ein- bis zweimal im Jahr sollte eine Klasse gemeinsam eine Bücherei besuchen, das Ausleihverfahren erkunden, sich einen Büchereiausweis ausstellen lassen oder gemeinsam nach Büchern stöbern. Auch eine Büchereirallye oder ein Bibliotheks-Quiz machen Spaß! Es ist auch ein schönes Vorhaben, mit einer Schulklasse für andere Klassen ein Quiz zu erstellen. In manchen Fällen stellen die örtlichen Bibliotheken einen solchen Fragebogen für Kinder und Jugendliche verschiedener Altersstufen bei einem Büchereibesuch zur Verfügung.

In einer Bibliothek gibt es nicht nur Unterhaltungsmedien, angefangen von der Musik-CD bis zum Kinohit auf DVD, sondern auch jede Menge anderer guter Medien, die für die Durchführung und Vorbereitung von Projekten oder Gruppenarbeiten hilfreich sein könnten: Videofilme und DVDs zu bestimmten Themengebieten, umfassendes Karten- und Informationsmaterial zu geographischen und geschichtlichen Themen, Hörbücher, CD-ROMs mit Lexika oder Lernprogrammen. Nicht zuletzt besteht in vielen Bibliotheken die Möglichkeit, im Internet zu surfen und sich auf diese Weise Infomaterial zu beschaffen. Manche Büchereien bieten sogar eigens für Jugendliche der Sekundarstufe Lesenachmittage zu einem bestimmten Themengebiet an und Buchaustellungen in Kombination mit Schulkunstausstellungen finden bei jeder Altersstufe Anklang.

Die meisten Bibliotheken stellen auf Anfrage Bücherkisten zu bestimmten Themen zusammen und stellen diese den Schulen für einige Zeit zur Verfügung – eine ideale Fundgrube für Projekte und Freiarbeit, die immer wieder große Beachtung bei der Klasse findet.

Laden Sie doch einmal den Bibliothekar ihrer örtlichen Bücherei in den Unterricht ein. Vielleicht bringt dieser ja eine spannende Auswahl an Büchern oder anderen Medien mit und gibt Auskunft darüber, wie die Bücher in die Bibliothek kommen, wer die Auswahl trifft und wie man sich Buchbestellungen für die Bibliothek wünschen kann.

Klassen- und Schülerbücherei, Leseecken und Lesekisten

Ist keine große Bücherei erreichbar, kann eine Klassenbücherei ein besonderer Anreiz für Leselustige, aber auch für Lesemuffel sein. In Bücherrunden werden die Bücher gemeinsam angelesen oder von einzelnen Kindern vorgestellt. Auf den Karteikarten des Ausleihsystems können einzelne Vermerke („Mir hat das Buch gefallen/nicht gefallen, weil ... “) angebracht oder „Sterne“ für besonders lesenswerte Bücher vergeben werden.

Eine Klassen- oder Schülerbücherei bringt jedoch auch viel Organisation und oft hohe Kosten mit sich. Bücher müssen ausgewählt und Regale sowie Ordnungssysteme beschafft werden. Entsprechende Dienste müssen eingeteilt und alle Bücher erfasst werden. Ebenso sollten Regeln zur Benutzung aufgestellt werden, die von jedem einzuhalten sind. Erst dann kann ein solches Unternehmen funktionieren. Eine Schülerbücherei, die für mehrere Klassen zugänglich ist, ganz in die Hände der Schüler zu legen, ist ein großes Vorhaben. Doch warum sollten Schülerinnen und Schüler der Klassen 9 und 10 mit Unterstützung einer engagierten Lehrkraft nicht die Bücherei für die unteren Klassen verwalten und organisieren? So ein System kann, trotz großer Verantwortung, für beide Seiten viel Freude und Spaß bereiten.

Es ist bekannt, dass schönes, genüssliches Lesen einen entsprechenden Rahmen braucht. Um eine lesefördernde Umgebung zu schaffen, bietet es sich an, eine möglichst ruhige Ecke des Klassenzimmers so herzurichten, dass die Kinder sich gerne in die Ecke setzen. Sofas, Regale, Kissen und ansprechende Bücher (keine alten, abgelesenen Schinken) motivieren die Schülerinnen und Schüler, sich in diesen Ruhebereich zurückzuziehen, freiwillig ein Buch zur Hand zu nehmen und darin zu schmökern.

Lesezeit in einer Klasse der Sekundarstufe I

Wie schon erwähnt sind Bibliotheken gern bereit, Bücherkisten zu einem bestimmten Thema für eine gewisse Zeit an die Schulen auszuleihen. Aber warum nicht selbst in regelmäßigen Abständen mit der Klasse solche Kisten zusammenstellen? Als Bücherkiste eignet sich eine einfache Holzkiste oder eine schön hergerichtete Klappbox aus dem Baumarkt. Wichtig ist: Das Auge liest mit. Die Aufmachung der Kisten ist manchmal ausschlaggebend, wie lange das Interesse der Kinder für die Buchaktion anhält. Lassen Sie die Klasse die Lesekisten selbst gestalten. Sammeln und sichten Sie mit Ihrer Klasse Bücher zu einer bestimmten Jahreszeit, einem bestimmten Ereignis oder einem bestimmten Thema, das in nächster Zeit in der Klasse behandelt werden soll.

Insbesondere zu Themen aus Geschichte, Erdkunde und Biologie gibt es eine Menge Bücher, die lohnenswert sind. Selbst für die Forscherzeit oder andere Experimentier- und Bastelstunden gibt es jede Menge Bücher mit Experimenten, Versuchen, Aufbauanleitungen oder Kuriositäten zu naturwissenschaftlichen Phänomenen. Die Kinder stöbern gerne und ausgiebig in solchen Büchern und haben somit die Gelegenheit, sich Anregungen zu holen.

Vielseitig verwendbar sind Prospekte von namhaften Kinder- und Jugendbuchverlagen, die offen im Klassenzimmer ausliegen. Sie enthalten Hintergrundinformationen zu Neuerscheinungen oder Klassikern und Informationen über die Autoren. Besonders gut eignen sich die Seiten dieser Broschüren, um damit Plakate zu Büchern zu gestalten oder Literaturtipps zu bestimmten Themenbereichen in Plakatform zusammenzustellen.

Lese- und Autorennächte

Besonders beliebt in allen Klassenstufen sind Lesenächte, in denen mit Isomatte und Schlafsack im Klassenzimmer oder in der Schulbücherei übernachtet wird. Dabei dürfen die Kinder lesen bis zum Einschlafen. Will man mit einer Klasse nicht in der Schule übernachten, kann man eine solche Aktion problemlos am Nachmittag durchführen. Schaffen Sie gemeinsam mit Ihrer Klasse eine ansprechende Umgebung: Bunte Tücher, gedämpftes Licht, Teelichte und leise Musik tragen zum Wohlfühlen und zum Ruhigwerden bei. Steht die Leseaktion unter einem bestimmten Motto, z. B. „Geschichten rund ums Grauen“ oder „Abenteuer auf hoher See“, wird durch eine entsprechende Dekoration, die gemeinsam im Vorfeld gebastelt wurde, eine besondere Atmosphäre geschaffen. Massagen mit dem Igelball oder kurze Fantasie- bzw. Entspannungsreisen haben in einem solchen Rahmen auch ihre Berechtigung.

Autorennächte sind Lesenächte, die sich ausschließlich mit einem Autor beschäftigen. Es bietet sich an, gemeinsam mit der Klasse jemanden auszusuchen, der ausreichend viele Bücher veröffentlicht hat (z. B. Erich Kästner, Astrid Lindgren, James Krüss, Kirsten Boje, Cornelia Funke oder Paul Maar). Bei der Vorbereitung sollte beachtet werden: Je bekannter die Schriftstellerin oder der Schriftsteller, desto leichter lässt sich brauchbares Material beschaffen und von den Kindern selbst besorgen. Gelesen wird während der Aktion alles, was von dem und über den Schriftsteller zu finden ist. Das Klassenzimmer entsprechend der Leseaktion einzurichten gehört selbstverständlich zur Vorbereitung dieses „Leseabenteuers“ dazu. Neben Büchern, Zeitungsartikeln, Infomaterial und Fotos ergänzen Plakate sowie Gegenstände, die in einzelnen Büchern eine Rolle spielen, das Angebot. Häufig geben Buchhandlungen ausrangierte Dekorationsartikel, wie Pappfiguren, Stellwände oder Buchplakate, gern ganz oder leihweise ab und haben nützliche Tipps, die zur Planung beitragen. Es ist schwierig, einen bekannten Autor einzuladen und ihn für eine Autorenlesung zu gewinnen.

Stattdessen findet man aber einen Geschichtenleser aus der Region, der die Kinder mit seinen Ausführungen in den Bann ziehen kann. Das macht die ganze Sache noch ein bisschen spannender. Zudem steigert es die Motivation und das Zuhören fällt leichter.

Um Mitternacht können alle gemeinsam einen Film über den Autor oder eine Verfilmung eines bekannten Werkes anschauen. Die englische Verfilmung eines bereits bekannten Werkes kann auch in höheren Klassen am späten Abend noch richtig Spaß machen. Wer über eine Schriftstellerin oder über einen Schriftsteller schon besonders viel weiß, wird an einem Quiz, in das Filmausschnitte oder Ausschnitte von Hörspielkassetten oder Hörbüchern integriert sind, brennend interessiert sein. Gerade Hörbüchern wird in der Schule noch viel zu wenig Aufmerksamkeit geschenkt. Die Ruhe und Muße, um einem gesprochenen Text längere Zeit konzentriert zuzuhören, fehlt heutigen Kindern und Jugendlichen oft. Eine Autorennacht bietet nun die Gelegenheit, beides – Hören und Sehen – zu verbinden. Zudem wird die Nacht dadurch abwechslungsreicher.

Während einer Lese- oder Autorennacht können Buchvorstellungen stattfinden. So werden auf schnelle Weise mehrere Bücher eines Autors bzw. zu einem Thema präsentiert und geben zusätzlichen Gesprächsanlass.

(Vor-)Lesestunden, Wanderbücher und Autoreneinladungen

Über einen längeren Zeitraum können immer wieder „Schmökerstunden“ in den Stundenplan eingeschoben werden. „Wanderbücher“ kommen in den meisten Klassen gut an und die Schüler genießen die tägliche Lesezeit. Dabei sucht sich die Klasse ein Buch aus, das gemeinsam gelesen wird. Dann bereitet immer ein Kind zu Hause ein Kapitel oder auch nur wenige Seiten vor, die dann der Klasse vorgelesen werden. Auf diese Weise lernen die Schüler eine Menge Bücher im Schuljahr kennen.

Lesestunden werden besonders schön und heimelig in der Adventszeit und in der kalten Jahreszeit nach Weihnachten. Mit Kerzen, Duftlämpchen, Decken und dicken Kissen lässt sich das Klassenzimmer schnell in eine Leseoase verwandeln. Steht ein ganzer Vormittag zur Verfügung, können mit Strandmuscheln, Zelten, Weichbodenmatten oder mit Sand gefüllten Sitzkissen zusätzliche kuschelige Leseplätze geschaffen werden, sodass sicher jedes Kind seinen Platz zum Lesen finden kann.

Lesestunden können mit einer gemeinsamen Aktion gestartet werden. Ein Kind stellt z. B. sein Lieblingsbuch vor. Es kann auch im Wanderbuch weiter gelesen werden. Der Klassen-Adventskalender ist dieses Mal mit Geschichten und Gedichten rund um Weihnachten und passenden Mandalas, kleinen Bastelaufgaben oder Rätseln bestückt, die jeweils in den Lesestunden einen festen Platz finden.

Buch- und Autorenvorstellungen regen die Kinder an, andere Bücher des Autors in die Hand zu nehmen. Der Lehrer kann die erste Einführung geben, danach stellen einzelne Kinder Informationen über den Autor und seine Bücher vor. Vorgelesene Textauszüge dürfen hierbei nicht fehlen. Wenn man Glück hat, ist ein Kinder- und Jugendbuchautor auch zu einer Lesung bereit.

Besonders viel Freude bereiten Vorlesern wie Zuhörern Lesestunden in Kindergärten oder in Seniorenheimen, die gemeinsam im Unterricht vorbereitet und geübt werden können. Im Rahmen von Aktionswochen in der Bibliothek oder in Buchhandlungen finden häufig Autorenlesungen für Kinder statt. Achten Sie auf die örtlichen Ankündigungen. Sprechen Sie einen Besuch der ganzen Klasse am besten vorher mit dem Veranstalter ab.

Vorlesewettbewerbe

An vielen Schulen finden alljährlich Vorlesewettbewerbe statt. Bei der Ermittlung des Klassen-, Schul- oder Stadtsiegers besteht die Jury meist aus Erwachsenen. Bestimmte Kriterien sollten berücksichtigt werden, damit es beim Wettbewerb fair bleibt. Bei einem Vorlesewettbewerb geht es nicht um das fehlerfreie Abspulen eines zuvor geübten Textes. Der Vorleser soll den ausgewählten Abschnitt seines Buches in einen Zusammenhang setzen und Auskünfte über die Gesamthandlung des Buches geben können. Eine deutliche Aussprache, ein angemessenes, nicht zu schnelles Lesetempo sowie eine gute, sinngemäße Betonung sind wichtige Voraussetzungen für gutes Vorlesen. Dabei sollten Versprecher oder Holperstellen nicht überbewertet werden. Sie finden auf der nächsten Seite eine Bewertungstabelle, die Ihnen die Einschätzung der einzelnen Kandidaten erleichtert.

Warum nicht auch einmal die eigene Klasse zur Jury machen? Mit einem übersichtlichen Beobachtungsbogen, der leicht auszufüllen ist, können sich die Kinder gleichzeitig auf das Zuhören und auf das Bewerten konzentrieren (siehe S. 230). Geben Sie nach jeder Lesedarbietung einige Minuten Zeit, damit die Kinder in Gruppen, mit einem Partner oder allein die Eintragungen machen können. Sammeln Sie am Ende der Veranstaltung alle Bögen ein und werten Sie das Ergebnis aus. In höheren Klassen können dies auch die Schüler selbst machen.

Name:	Buchvorstellung			Textverständnis			Lesetechnik						Notizen
	Buchauswahl angemessen?			Inhalt bekannt?			Lesetempo/ -fluss, Lesegenauigkeit						
Autor:	1	2	3	1	2	3	1	2	3	4	5	6	
	Autor und Buchinhalt vorgestellt?			Versteht das Kind, was es liest?			Deutliche Aussprache						
Titel:	1	2	3	1	2	3	1	2	3	4	5	6	
	Hat das Kind frei gesprochen?			Zusammenhang zwischen Buch und Textstelle hergestellt?			Gestalterische Mittel (wörtliche Rede, Tempowechsel, sinngemäße Betonung)						
	1	2	3	1	2	3	1	2	3	4	5	6	

Name:	Buchvorstellung			Textverständnis			Lesetechnik						Notizen
	Buchauswahl angemessen?			Inhalt bekannt?			Lesetempo/ -fluss, Lesegenauigkeit						
Autor:	1	2	3	1	2	3	1	2	3	4	5	6	
	Autor und Buchinhalt vorgestellt?			Versteht das Kind, was es liest?			Deutliche Aussprache						
Titel:	1	2	3	1	2	3	1	2	3	4	5	6	
	Hat das Kind frei gesprochen?			Zusammenhang zwischen Buch und Textstelle hergestellt?			Gestalterische Mittel (wörtliche Rede, Tempowechsel, sinngemäße Betonung)						
	1	2	3	1	2	3	1	2	3	4	5	6	

Arbeitsblatt: Schülerbewertungsbogen Vorlesewettbewerb

Hier ist es genau umgekehrt wie bei den Schulnoten. Je höher die Punktzahl, desto besser hat der Schüler gelesen.

1 = Es muss noch fleißig geübt werden
2 = Na ja, es geht so
3 = Ganz in Ordnung, könnte aber an vielen Stellen besser sein
4 = Recht gut, nur wenige Stellen zu verbessern
5 = Gut!
6 = Exzellent – die Profinote!

Name des Kindes: ____________________

Buchtitel: ____________________

Autor: ____________________

I. Textverständnis

Wurden der Autor und der Buchinhalt ausreichend vorgestellt?	1	2	3	4	5	6	
Ist es ein Buch, das die meisten in unserem Alter verstehen, oder war es für uns zu leicht oder zu schwer?	1	2	3	4	5	6	
Konnte das Kind deutlich machen, in welchem Zusammenhang der vorgelesene Text zum gesamten Buch steht?	1	2	3	4	5	6	

II. Vorlesetechnik

Hat das Kind flüssig und mit wenig Versprechern vorgelesen?	1	2	3	4	5	6	
Hat es richtig betont und deutlich gesprochen?	1	2	3	4	5	6	
War das Lesetempo in Ordnung?	1	2	3	4	5	6	

III. Gesamteindruck

Habe ich gern zugehört?	1	2	3	4	5	6	
Konnte ich der Handlung folgen?	1	2	3	4	5	6	

Handlungs- und produktionsorientierter Umgang mit einer Ganzschrift

Häufig wird zu einer Ganzschrift ein Lesetagebuch geführt. Hier werden alle Arbeitsblätter, alle Aufgaben und Zeichnungen zur gelesenen Lektüre nach und nach zu einem Buch oder Ordner zusammengestellt. Ein schön gestaltetes Titelblatt, genaue bibliografische Angaben und ein Inhaltsverzeichnis stehen am Anfang. Danach ist ausreichend Platz für eigene gestalterische und inhaltliche Ideen.Viel Kreativität und Einfühlungsvermögen in Personen und Handlung erfordern Arbeitsaufträge, in denen selbst erdachte Tagebuchseiten oder Briefe verfasst werden, die von einer im Buch vorkommenden Person stammen könnten. Die Schüler können auch Briefe an die Hauptperson schicken oder mit ihr ein fiktives Interview führen. Attraktiv wird ein Lesetagebuch durch die individuelle Gestaltung. Kapitelzusammenfassungen in Comicform sind ebenso zugelassen wie selbst gesammelte Bilder.

Während der Lektüre einer Ganzschrift kann auch nach und nach eine Leseleine im Klassenzimmer entstehen. An dieser werden Bilder, Stichwörter und passende Gegenstände zu den einzelnen Kapiteln aufgehängt.

Zu vielen Lektüren gibt es bereits gute Lehrerhandreichungen. Selbst erstellte Aufgaben erlauben aber meist eine stärkere Differenzierung und lassen sich besser auf den jeweiligen Schwerpunkt, den man mit der Ganzschrift verfolgt, beziehen.

Weitere Aktionen rund ums Buch

a. Fotostory

Angelehnt an die Foto-Love-Stories aus den Jugendmagazinen macht es den Schülern sicher viel Spaß, sich die Handlung für einen Fotoroman auszudenken oder die Szenen einer bereits bestehenden Story mit anderen Klassenkameraden nachzustellen und fotografisch festzuhalten. Schwierig dabei ist, dass die Schülerinnen und Schüler die Schlüsselszenen erkennen und genau nachstellen. Es muss nicht immer eine Liebesgeschichte sein. Märchen oder Science-Fiction-Stories lassen sich ebenso aufarbeiten. Die Auswahl der Schauplätze sollte auf den Inhalt abgestimmt sein. Eine Love-Story könnte in der Schule, zu Hause oder in der Fußgängerzone spielen, ein Märchen, Utopiegeschichten oder Fabeln brauchen eher fantastische und geheimnisvolle Orte oder außergewöhnliche Schauplätze wie einen Wald, eine Wiese, das Hallenbad oder den Hauptbahnhof. Mit einigen wenigen Requisiten wird der Schauplatz ausgeschmückt. Selbstverständlich gehören auch die passenden Kostüme zu einer gelungenen Bildergeschichte. Dialoge in Form von Sprechblasen oder kurzen Texten verbinden die einzelnen Bilder und Handlungsabschnitte miteinander.

b. Hörspiele

Von kurzen Geschichten bis hin zu ganzen Buchkapiteln sind selbst erstellte Hörspiele der Renner bei Schülerinnen und Schülern der Unterstufe. Es ist eine tolle Möglichkeit, einmal auf eine andere Art und Weise Bilder im Kopf entstehen zu lassen. Vorstellungskraft und sprachliche Ausdrucksfähigkeit bekommen eine besondere Bedeutung und werden gleichzeitig geschult.

c. Schaufenstergestaltung

Wer eine nahe gelegene Buchhandlung kennt, die für neue Dinge offen ist, wird mit dieser Buchaktion sowohl bei Schülern als auch bei Kunden den Nagel auf den Kopf treffen. Zu einem Kinder- und Jugendbuch oder einem entsprechenden Autor gestalten die Schüler mit einigem Aufwand in den Fächern Deutsch, Bildende Kunst und Technik ein ganzes Schaufenster oder zumindest einen Teil davon. Passende Plakate, Gegenstände und vor allem Hintergründe aus Papier, Pappkarton, Tüchern und Stoffbahnen müssen erstellt und gebastelt werden. Kurze Inhaltsangaben und /oder Bewertungslisten, in welchen die Vorzüge des Werkes oder der Bücher vorgestellt werden, können selbstständig am Computer verfasst und geschickt im Schaufenster platziert werden. Zeichnungen und Collagen, sowie Plastiken der Hauptfiguren (Pappmaschee) oder handlungstragende Gegenstände können ein gelungenes Schaufensterbild abrunden.

d. Tauschbörsen und Flohmärkte

Um mit anderen Schülern oder Klassen Lesefutter auszutauschen und das Buch überhaupt mehr ins Blickfeld der Schüler (und auch der Eltern) zu rücken, bieten sich Tauschbörsen oder Bücherflohmärkte an. Vielleicht ist ja für viele Kinder und Eltern ein Bücherflohmarkt der richtige Anstoß, sich von den alten, ausgelesenen Schätzen zu trennen und neugierig auf neue Titel zu werden. Ein freundlicher, von den Schülern geschriebener Elternbrief, der in möglichst vielen Klassen verteilt wird, macht auf die

Buchaktion aufmerksam. Ebenso können Anzeigen oder Aushänge darauf hinweisen.

Es muss alles gut geplant werden und vor dem Bücherflohmarkt ist eine längere Vorlaufphase notwendig, damit jeder genug Zeit hat, um in Ruhe die Bücher auszusortieren und an zentralen Sammelstellen abzugeben. Sind alle Bücher eingetrudelt, müssen diese sondiert und mit Preisen versehen werden. Für den Flohmarkttag werden Arbeitsdienste eingeteilt. Wer macht die Kasse? Wer sorgt dafür, dass die Büchertische stets ordentlich aussehen, und wer ist für den Nachschub an Büchern verantwortlich? Die Flohmarktaktion kann auch unter dem Motto „Große sammeln für Kleine" ablaufen. Sekundarstufenschüler organisieren und richten den Flohmarkt für Grundschüler oder Kindergartenkinder aus. Der erwirtschaftete Gewinn kommt der Schule zugute, z. B. für die Einrichtung einer Schülerbücherei oder für das Anschaffen neuer Spiele fürs Schülercafé.

Für eine Buch-Tausch-Aktion genügt schon ein kleiner Buchfundus und die Sache kommt ins Rollen. Jeder, der ein Buch mitbringt, kann mitmachen und darf sich ein neues Buch aus dem Fundus aussuchen. In regelmäßigen Abständen wandern die Bücher von einem zum anderen und fast ganz ohne Einsatz haben alle die Möglichkeit, regelmäßig „neue" Bücher zu lesen.

e. Lesetipps und Buchbesprechungen

Lesetipps müssen unter die Leute gebracht werden. Sie können schön gestaltet an allen möglichen Orten im Schulhaus aufgehängt werden, z. B. an einem eigens dafür eingerichteten Info-Brett oder im Flur, auf den Toiletten …

Vielleicht ist es sogar in Absprache mit der Gemeinde- oder Stadtverwaltung möglich, diese an ausgewählten öffentlichen Plätzen wie Bushaltestellen auszuhängen. Auch Wartezimmer von Arztpraxen oder Krankenhausflure sind geeignete Orte, um für Bücher zu werben (auf jeden Fall vorher fragen!). Eine Schülerzeitung ist das ideale Forum für Buchbesprechungen. Vielleicht druckt die örtliche Zeitung auf ihrer Kinderseite ebenfalls mal eine Buchbesprechung ab, die von einer Klasse erarbeitet wurde.

f. Wanderbücherei

Die Schüler einer Klasse packen einige Lieblingsbücher in eine Tasche oder Kiste und stellen diese in einer anderen Klasse vor. Diese Klasse darf die

Kiste einige Wochen lang behalten, bevor sie ihrerseits mit der Wanderbücherei zu einer anderen Klasse weiterzieht und dort für die Bücher wirbt.

g. Bücher schenken

In manchen Städten laufen bereits Aktionen, bei denen Bücher weiterverschenkt werden. Dabei werden die Bücher an bestimmten Stellen in der Stadt ausgelegt, um zum Mitnehmen und Lesen einzuladen. Nach Gebrauch wird das Buch dann wieder weitergegeben und woanders abgelegt.

In einer Schule könnte ein dafür aufgestellter Bücherschrank die Sammelstation für diese Bücher sein, die dort immer wieder ausgetauscht werden können.

h. Lesewoche

Wenn sich ein ganzes Kollegium dazu entschließt, eine Projektwoche unter das Motto Bücher oder Lesen zu stellen, kann eine ereignisreiche Lesewoche starten. Alle Klassen beschäftigen sich mit einem bestimmten Buch, einem Autor oder mit Büchern rund um ein Thema und bereiten in dieser Zeit viele verschiedene Aktionen dazu vor.

i. Lesezeit verschenken

Viele Menschen bekämen gerne etwas vorgelesen. Warum nicht im Kindergarten, in einer Klasse mit jüngeren Schülern, im Krankenhaus oder Altersheim einen Lesenachmittag gestalten? Vielleicht kann sich daraus sogar eine regelmäßige Lesestunde ergeben, die allen Beteiligten viel Freude macht, z. B. wenn in der Adventszeit täglich Adventskalendergeschichten vorgetragen werden. Die Schüler teilen selbst ein, wer wann an der Reihe ist. Die Einrichtung sollte in Schulnähe sein, damit der Aufwand im Rahmen bleibt.

j. Literatur in der Fußgängerzone

In Absprache mit der Stadtverwaltung können auch Lesungen im Freien stattfinden. Dazu stellen die Schüler in der Fußgängerzone ein paar Klappstühle auf und laden zum Verweilen ein. Einer oder mehrere Schüler lesen laut und mit vorher geübter Betonung einen spannenden Text vor. Auf einem Plakat oder einer Stellwand wird den Passanten bekannt gegeben, was sie hier zu hören bekommen. Wenn solche Stationen in regelmäßigen Abständen in der Fußgängerzone auftauchen, bleiben bestimmt viele Menschen neugierig stehen.

Literaturverzeichnis

Bauer, Roland (Hrsg): Offenes Arbeiten in der Sekundarstufe I. Ein Praxishandbuch. Berlin 2003

Baurmann, J. / Otto, L.(Hrsg.): Schreiben. Konzepte und schulische Praxis. Praxis Deutsch Sonderheft. Seelze 1996

Brügelmann, Hans: 20 Thesen zum Rechtschreibunterricht. In: Die Grundschulzeitschrift, Heft 52/1992

Crämer, C. / Füssenich, I. / Schumann, G. (Hrsg.): Lesekompetenz erwerben und fördern. Braunschweig 1998

Entwicklungspsychologisches Stufenmodell des Rechtschreiblernens in: Akademie für Lehrerfortbildung und Personalführung: Lese-Rechtschreibschwierigkeiten, 2., erweiterte Auflage. Donauwörth 2001

Gesellschaft zur Entwicklung sozialpädagogischer Praxismodelle: Die Theaterküche. Düsseldorf 1987

Fix, Martin: Deine Geschichte find ich irgendwie komisch. In: Praxis Schule 5-10. Heft 2/1999

Fontane, Theodor: John Maynard. Aus: Sämtliche Werke Bd. 20; Balladen und Gedichte. München 1962

Geuß, Ute / Hövel, Walter: Schreiblandschaften. Bremen 1996

Gomringer, Eugen: avenidas. Aus: E. Gomringer: Worte sind Schatten. Konstellationen. Bern 1953

Gordon, Thomas: Lehrer-Schüler-Konferenz. Hamburg 1994

Guggenmoos, Josef: Die Tulpe. Aus: Was denkt die Maus am Donnerstag. Recklinghausen 1967

Haas, G.: Handlungs- und produktionsorientierter Literaturunterricht in der Sekundarstufe I. Hannover, 1990

Heckt, Dietlinde H.: Nachdenken über Sprache. In: Praxis Schule 5–10. Heft 2/1999

Heckt, Dietlinde H.: Kreatives Interpretieren. In: Praxis Schule 5–10. Heft 6/1995

Hurrelmann, Bettina: Leseförderung. In Praxis Deutsch. Heft 127

Ingendahl, Werner: Sinngebendes Lesen. In: Schulmagazin 5–10. Heft 6/2003

Kreatives Schreiben. Praxis Deutsch, Heft 119. Seelze 1993

Krüss, James: ABC und Phantasie. Ravensburg 1964

Mann, Christine: Selbstbestimmtes Rechtschreiblernen. Rechtschreibunterricht als Strategievermittlung. Weinheim, 1997

Menzel, Wolfgang: Arbeitstechniken 2. In: Praxis Deutsch. Heft 11/1990

Michel, Hans-Joachim (Hsrg.): FRESCH, Lichtenau 2002

Müller, Tamara: Lesen – Fernsehen im Kopf. In. Schulmagazin 5 – 10. Heft 2/1997

Niemer, Hauke: Wenn Sie anfangen wollen mit Schreibkonferenzen zu arbeiten ... 12 Tips. In: Die Grundschulzeitschrift, Sonderdruck Deutsch. Seelze o.J.

Pramper, Wolfgang: Vom Joystick zum Lesezeichen. In: Cornelsen Deutsch extra. Herbst/Winter 1999

Pramper, Wolfgang: Fehlerfrei über jede Hürde. In: Cornelsen Deutsch extra. Herbst /Winter 1999

Rinderle, Bettina: Fit trotz LRS. Lichtenau 2001

Scheerer-Neumann, G. In: Huber / Kegel / Speck-Hamdan: Einblicke in den Schriftspracherwerb. Braunschweig 1998

Scheller, Ingo: Erfahrungsbezogener Deutschunterricht. Berlin o. J.

Schlamp, Günter: Lese-Animation mit der Schulbibliothek. In: Schulmagazin 5 – 10. Heft 11/1995

Schuster, Karl: Das personal-kreative Schreiben im Deutschunterricht. Hohengehren 1997

Schuster, Karl: Einführung in die Fachdidaktik Deutsch. Aktualisierte, 8. Auflage, Baltmannsweiler 1999

Spinner, Kaspar-H.: Kreativer Deutschunterricht. Identität – Imaginationen – Kognition. Seelze 2001

Stiefenhofer, Brigitte: Freies Schreiben. In: Schulmagazin 5 – 10. Heft 4/1996

Stiftung Lesen: Ich schenk dir eine Geschichte. Mainz 2003

Strunz, Ingo: Fächerübergreifende Nutzung der Schulbibliothek. In: Schulmagazin 5 – 10. Heft 11/1995

Tacke, Gero: Lese-Rechtschreib-Schwäche In: LEU Materialien Grundschule o. J.

Willenberg, Heiner: Schritte zum Textverstehen. In: Schulmagazin 5 – 10. Heft 6/2003

Zu S. 171:

Weitere geeignete Vorlagen:

RÜHM, GERHARD: naturbeschreibung © Gerhard Rühm

GERNHARDT, ROBERT: Blau und Grün. Aus: Lichte Gedichte. Frankfurt/M.1999

KASCHNITZ, MARIE-LUISE: Steht noch dahin. Aus: Betrachtungen. Frankfurt/M. 1995

HALBEY, HANS ADOLF: Urlaubsfahrt. Aus: Gelberg, H.-J.: Menschengeschichten, Drittes Jahrbuch der Kinderliteratur. Weinheim 1975

KONJETZKY, KLAUS: An die Eltern. Aus: Fuhrmann, J. (Hrsg.): Tagtäglich. Reinbek 1976

EICH, GÜNTHER: Inventur. Aus: Abgelegene Gehöfte. Gedichte. Frankfurt/M. 1968

STEINER, ARTUHR: Grün. Aus: Schneegrün. Gedichte. Frankfurt/M. 1979

STRITTMATTER, EVA: Am Abend des fünften Februar. Aus: Zwiegespräche. Berlin 1987

UNBEHAUN, JOCHEN: Stundenplan. Aus: Fuhrmann, J. (Hrsg.): Tagtäglich. Reinbek 1976

Lösung zu S. 62: